Luanda, cidade e literatura

FUNDAÇÃO EDITORA DA UNESP

Presidente do Conselho Curador
Marcos Macari

Diretor-Presidente
José Castilho Marques Neto

Editor-Executivo
Jézio Hernani Bomfim Gutierre

Conselho Editorial Acadêmico
Antonio Celso Ferreira
Cláudio Antonio Rabello Coelho
José Roberto Ernandes
Luiz Gonzaga Marchezan
Maria do Rosário Longo Mortatti
Maria Encarnação Beltrão Sposito
Mario Fernando Bolognesi
Paulo César Corrêa Borges
Roberto André Kraenkel
Sérgio Vicente Motta

Editores-Assistentes
Anderson Nobara
Denise Katchuian Dognini
Dida Bessana

TANIA MACÊDO

LUANDA, CIDADE E LITERATURA

© 2008 Editora UNESP

Direitos de publicação reservados à:
Fundação Editora da UNESP (FEU)
Praça da Sé, 108
01001-900 – São Paulo – SP
Tel.: (0xx11) 3242-7171
Fax: (0xx11) 3242-7172
www.editoraunesp.com.br
feu@editora.unesp.br

CIP – Brasil. Catalogação na fonte
Sindicato Nacional dos Editores de Livros, RJ

M125L
Macêdo, Tania
Luanda, cidade e literatura/Tania Macêdo. — São Paulo: Editora UNESP; Luanda (Angola) : Nzila, 2008.
Anexos
Inclui bibliografia
ISBN 978-85-7139-859-7

1. Literatura angolana (Português) - História e crítica.   2. Luanda (Angola).   I. Título.

08-3115.
CDD: 869.89967309
CDU: 821.134.3(673).09

Este livro é publicado pelo projeto *Edição de Textos de Docentes e Pós-Graduados da UNESP* – Pró-Reitoria de Pós-Graduação da UNESP (PROPG) / Fundação Editora da UNESP (FEU)

Editora afiliada:

Asociación de Editoriales Universitarias de América Latina y el Caribe

Associação Brasileira de Editoras Universitárias

Aos meus amigos calus de todas as latitudes e origens (porque ser caluanda é um jeito muito especial de estar no mundo e "ter fé na vida")

Sumário

Introdução   11

1 Percorrendo algumas ruas da teoria   19
  Cidade, Literatura e Império: uma relação pouco focalizada   21
  O espaço narrativo   25
  A cidade literária   30

2 A cidade africana   37
  As produções culturais da cidade africana   45
  A oratura em Angola   49
  Repensando a oratura   53
  Oratura e oralidade   55
  A literatura para crianças e jovens e a oratura   58

3 A cidade portuguesa no além-mar   69
  Luanda, cidade "portuguesa com certeza"?   70

4 A cidade colonizada   87
  A exclusão como regra arquitetônica   87
  As manifestações literárias   91

5 A cidade reafricanizada   109
   Outras cidades: Paris, capital da negritude   110
   A cidade da liberdade   112
   Os caminhos da denúncia e da liberdade   114
   Os musseques e os habitantes da cidade escrita   122
   Um espaço especial: o mercado   179
   A destruição da cidade   196
   Revisitação do passado recente   206
   Do jornal ao livro   212

Considerações finais   215
Referências bibliográficas   219
Anexos   233

Luanda é a cidade

*Luanda é a cidade
que não sabe se é cidade
se é país.
Tanto país se encontra nela
tanta cidade compõe este país
tão país e tão cidade
Luanda mulher criança velha
homem que por ela morre e vive
do Mucussu às alturas do Belize*

Costa Andrade

Introdução

Não faz sentido dividir as cidades nessas duas categorias [felizes ou infelizes], mas em outras duas: aquelas que continuam ao longo dos anos e das mutações a dar forma aos desejos e aquelas em que os desejos conseguem cancelar a cidade ou são por esta cancelados.

Ítalo Calvino, *As cidades invisíveis*

Quem conhece, hoje, a cidade de Luanda, invariavelmente tem uma sensação contraditória com relação à capital de Angola. Por um lado, a beleza dessa cidade é inquestionável: debruçada sobre o mar, com a baía de Luanda a seus pés, a presença de duas ilhas muito próximas do continente (a do Mussulo e a de Luanda) e uma avenida marginal, costeando o mar, com edifícios grandiosos e seus coqueiros, Luanda, imediatamente conquista seu visitante. A "Baixa" – parte da cidade que fica próxima ao mar – traz as marcas da História do país: são numerosos ainda os edifícios do período colonial postados em ruas antigas e estreitas, algumas das quais são ainda conhecidas pela denominação d'antanho: rua da Alfândega, rua Direita, rua dos Mercadores. É uma cidade que apresenta um "rosto, sem pintura, em sua pobreza maltratada pelo sol e pela fome, onde o erosinado casario se estende", conforme nos ensina Ana Paula Tavares em texto iluminado (Tavares, 2004, p.38). Dominando a paisagem, a fortaleza de São Miguel, cuja fortificação do outeiro ocorreu "em obediência à Provisão de 12 de Abril do mesmo ano" da chegada de Paulo Dias de Novais, ou seja, de 1575 (Santos, 1976, p.9).

À vista dessa parte da cidade, não há como deixar de pensar que grande parte da história da capital angolana foi alheia a seu povo, na medida em que as marcas do período colonial ainda hoje presentes em suas ruas e edifícios apontam para a história do colonizador, de sua ocupação e exploração no território angolano e, portanto, da "condição colonial", na acepção em que a define Alfredo Bosi:

> *Condição* traz em si as múltiplas formas concretas da existência interpessoal e subjetiva, a memória e o sonho, as marcas do cotidiano no coração e na mente, o modo de nascer, de comer, de morar, de dormir, de amar, de chorar, de rezar, de cantar, de morrer e de ser sepultado. (Bosi, 1992, p.27)

O olhar do visitante de Luanda pode, no entanto, fugindo das marcas deixadas pelos colonizadores, procurar uma outra Angola e a encontrará, por exemplo, nos edifícios públicos de construção pós-independência do país – ocorrida a 11 de novembro de 1975 – como o palácio do Congresso ou nas praças públicas, como o Largo 1º de Maio e do Kinaxixi, adornados com as estátuas do presidente Agostinho Neto e Rainha Nzinga, respectivamente. Ou ainda na forma de ocupação da ilha de Luanda, com o caos em meio à tradição dos axiluanda – seus primeiros habitantes pré-coloniais.

Mas há uma outra realidade de Luanda: a que se revela a partir dos mercados livres que levam o nome de programas da televisão brasileira como Roque Santeiro e Os Trapalhões, ou ainda em suas ruas congestionadas e com pavimentação em estado crítico, com um número enorme de crianças de rua, ao lado de uma grande frota de automóveis de luxo, de casas gradeadas e guardadas por cães e empresas privadas de segurança, de bairros clandestinos que crescem assustadoramente do dia para a noite, da ruína dos edifícios históricos ou da destruição do patrimônio urbano[1]. A Luanda em que as falhas de energia elétrica e de água são constantes e na qual as doenças diarréicas, a malária e a aids são os males que dizimam a população mais pobre e que foi capaz de crescer, criando uma outra cidade, a chamada Luanda Sul, com seus condomínios fechados.

Trata-se, como se pode inferir, de uma cidade de Terceiro Mundo com profundas contradições, já que o diferencial entre os ganhos da população mais rica e os da mais pobre chega a 37 vezes[2]!

Na verdade, a particularidade africana de Luanda permite defini-la como uma multiplicidade, na medida em que ela seria, na realidade, a junção de três cidades distintas, assim como Maputo (capital de Moçambique) que apresenta os mesmos problemas que a capital angolana, ainda que sua infra-estrutura esteja em melhor estado:

> De fato, seria mais apropriado falar de três cidades: a antiga cidade colonial, incluindo a Baixa, centro administrativo e dos negócios; o grande e demasiadamente extenso caniço [em Moçambique, musseque em Angola] onde moram dois terços dos citadinos, e que já não merece este nome por serem todas as suas construções em materiais duráveis; os subúrbios de luxo, edificados nos últimos anos sem nenhuma das infra-estruturas que normalmente caracterizam os bairros das cidades modernas.
>
> São três cidades de natureza diferente, com características e problemas próprios, que precisariam de soluções e de ações de planejamento diferentes. (Bruschi, 2003, p.31)

Mas Luanda, em sua multiplicidade é, também, e talvez mesmo pelas contradições que a percorrem, a imagem símbolo de Angola.

---

1 Lembramos aqui alguns fatos: a) a destruição do palácio de Ana Joaquina, casarão do século XIX, no centro de Luanda, e sua posterior "reconstrução". (Ver, a respeito, artigo de Leonel Cosme em *A página da educação*. Porto: Profedições, n. 97, ano 9 , Dez. 2000, p.30) ; b) O projeto da Luanda Waterfront Corporation, que propôs a criação de duas "ilhas" as quais, em última instância, desfigurariam a Baía de Luanda.
2 *Perfil da pobreza em Angola*. Luanda: Instituto Nacional de estatística, 1995.

A maior parte da população do país aí vive (cerca de um quarto dos 12 milhões de angolanos); é nessa cidade que se encontram as sedes da rádio e da televisão nacionais e das rádios privadas (Luanda Antena Comercial – LAC e Rádio Ecclésia) e ela é, sem dúvida, a "cidade da escrita" de Angola: o local em que está instalada a administração do Estado, a sede do *Jornal de Angola*, órgão de imprensa oficial que atinge todo o país e a sede dos jornais alternativos (*Agora, O Angolense, Folha 8, A capital, O Independente*), além de abrigar a Reitoria e a maioria dos cursos da Universidade Agostinho Neto (pública) e as Universidades Católica de Angola, Independente, Jean-Piaget, Lusíada, Instituto Superior Privado de Angola e Universidade Gregório Semedo (privadas). Sendo a única cidade que conta com parque gráfico de porte, Luanda é o local em que grande parte da literatura nacional é produzida, lançada e comentada. Além disso, é aí que está sediada a União dos Escritores Angolanos, fundada em dezembro de 1975 por Agostinho Neto e que congrega os produtores literários do país.

Não causa espécie, portanto, que a cidade seja referência obrigatória no imaginário nacional e cenário privilegiado da literatura produzida no país. Dessa forma, cremos que estudar a literatura produzida em Angola é obrigatoriamente referir-se a Luanda, sua história e sua gente.

Há, no entanto, um outro ponto a enfatizar: sendo a primeira cidade capital européia ao Sul do Saara, ela é a única, entre as cidades africanas de língua portuguesa, que ostenta o *status* de capital administrativa desde a sua ascensão à sede do então Reino de Angola. Todas as atuais capitais dos países africanos de língua oficial portuguesa – Bissau (Guiné-Bissau), Maputo (Moçambique), Praia (Cabo Verde), São Tomé (São Tomé e Príncipe[3]), – adquiriram esse *status* no século XIX. Destarte, Luanda traz inscrita no traçado de suas

---

3 A transferência da administração da cidade de São Tomé para a de Santo Antônio do Príncipe (Ilha do Príncipe) ocorre em 1753, e no ano de 1852 há o regresso da administração das ilhas a São Tomé. (Para mais informes, ver Henriques, 2000)

ruas, nos edifícios mais antigos e na forma de ocupação do espaço urbano, a história do colonialismo português na África. É, portanto, cidade emblemática que permite pensar também o Império colonial português.

Talvez pelo caráter contraditório dessa cidade que guarda História e estórias, ela tenha sido uma constante nos trabalhos que realizamos desde 1990. Desde a tese de doutorado intitulada *Da fronteira do asfalto aos caminhos da liberdade (Imagens do musseque na literatura angolana contemporânea)*, a questão da predominância da capital angolana na literatura desse país africano tem estado no centro de nossas preocupações e sido objeto de vários textos que buscaram dar conta do "mundo rico de sugestões" – para usar uma expressão do escritor Antonio Cardoso – que é a Luanda da escrita. E a esse mundo voltamos nessa oportunidade, procurando mais uma vez melhor entender para, talvez, lançar algumas luzes sobre a "cidade/ que não sabe se é cidade/ se é país." (Andrade, 2003, p.14).

Assim, apresentamos, organizado sob a forma de um texto único, o resultado de reflexões levadas a efeito desde os anos 90 e que redundaram em comunicações apresentadas em eventos científicos ou publicações realizadas em periódicos ou livros. A fim de que a unidade essencial ao presente texto ocorresse, houve uma revisão que, na maior parte das vezes, redundou em uma atualização dos dados ou em um refinamento das análises dos textos escritos em oportunidades e tempos diversos. O resultado é um produto em que, essencialmente, há uma nova redação e uma nova perspectiva.

O movimento geral que anima *Uma cidade e sua escrita: a representação literária de Luanda* nasceu de uma pesquisa realizada no período 1994-1997 para a Universidade Estadual Paulista em cumprimento às obrigações relativas à aplicação do Regime de Dedicação Integral à Docência e à Pesquisa e da qual redundou, entre outros trabalhos, um texto intitulado "A representação literária de Luanda – uma "ponte" entre Angola, Brasil e Portugal", publicado no primeiro número da Revista *Via Atlântica* do curso de pós-graduação em Letras da USP, área de estudos comparados de literaturas de língua portuguesa (Macedo, 1997, p.116-27). Àquelas reflexões, no entanto, agrupamos questões relativas à oratura na literatura de Angola, à "cidade africana", e uma atualização da bibliografia relativa à ficção angolana dos fins dos anos 90 e início do novo século.

Ainda que elaborado a partir de textos realizados em momentos diferentes de nossa trajetória acadêmica, vale ressaltar que este trabalho apresenta uma tese que o percorre, qual seja, a de que a um processo de paulatina reafricanização de Luanda, realizado pelos escritores nos últimos cinqüenta anos da literatura produzida em Angola, corresponderia, no plano político, a construção não apenas da Nação, mas também de uma especificidade nacional, ou seja, da "angolanidade". Vale aqui lembrar que a questão da predominância do espaço narrativo na prosa de ficção angolana foi abordada por Rita Chaves em seu *A formação do romance angolano* (1999), a qual competentemente apontou "a prevalência do espaço na composição do romance em Angola". (Chaves, 1999, p.116). O que buscamos apresentar e discutir neste trabalho são as formas de representação que a cidade de Luanda recebe na moderna literatura angolana, de maneira que se pode afirmar que esta cidade tornou-se emblema de um projeto de nação e de literatura.

Como *corpus* de nosso trabalho escolhemos narrativas angolanas cujos enredos desenvolvem-se, principalmente, na cidade-capital de Angola. Dessa forma, examinamos cerca de duzentos textos – contos, crônicas, novelas e romances – procurando focalizar a partir dos mesmos o esforço de construção de uma expressão própria, nacional, por parte dos intelectuais desse país africano.

A fim de situar literariamente a questão da representação de Luanda na literatura de Angola, iniciamos o trabalho com a explicitação de algumas de nossas balizas teóricas e a escolha de nossa perspectiva crítica no capítulo 1 intitulado "Percorrendo algumas ruas da teoria".

A seguir, no capítulo 2 – "A cidade africana" – adentramos o espaço da Luanda da escrita, distendendo o arco temporal até o período imediatamente antes da chegada dos europeus a Angola. Nesse momento, examinamos as produções da cidade africana, focalizando a oratura e iniciando uma discussão sobre sua presença na literatura escrita em Angola contemporaneamente.

Buscando acompanhar as produções literárias levadas a efeito no início da colonização portuguesa, o capítulo 3 "A cidade portuguesa no além-mar" apresenta os textos cujo receptor, explícita ou implicitamente, se encontra na metrópole.

Já o capítulo 4 focaliza o início da tomada de consciência da colônia que luta por tornar-se sujeito de sua própria história. Acompanhamos esse processo a partir dos textos produzidos por autores de vários períodos, procurando flagrar as diferentes faces de uma mesma busca.

Em "A cidade reafricanizada", quinto capítulo do trabalho, examinamos a produção literária dos últimos cinqüenta anos em Angola, detendo-nos em alguns dos espaços e tipos de personagens que percorrem a "cidade da escrita".

1
PERCORRENDO ALGUMAS RUAS DA TEORIA

A sociedade industrial é urbana e a cidade é, pois, seu cenário por excelência, expressão de uma ordem que foi a seu tempo criadora: foi aí que a burguesia se desenvolveu e exerceu seu papel revolucionário e aí também nasceu o proletariado industrial. Por seu destaque no mundo de que hoje somos parte, a cidade impôs-se como componente ativo da maneira de ser de nosso tempo: somos urbanos e nossa história passa necessariamente pela história das cidades do mundo ocidental. Em razão de sua extensa influência, não se pode deixar à margem o fato de que além da historicidade inscrita em seus becos, largos ou ruas tortuosas, a cidade também se constitui em suporte de representações, de imagens e significações. Ou seja, ela é signo que reflete e refrata relações, história e semioses, conforme bem explicita M. Bakhtin (Volochínov) ao tratar da relação entre signos e ideologia:

> Um signo não existe apenas como parte de uma realidade; ele também reflete e refrata uma outra. Ele pode distorcer essa realidade, ser-lhe fiel, ou apreendê-la de um ponto de vista específico, etc. Todo signo está sujeito aos critérios de avaliação ideológica (isto é: se , verdadeiro, falso, correto, justificado, bom etc.). (Bakhtin, 1981, p.32)

Assim, o olhar que perscruta a cidade à procura de respostas e de "leituras" de seu espaço ou sua representação na literatura, defronta-se com ruas metaforizadas e becos de linguagem, acabando por percorrer estradas de signos que se bifurcam em leituras ideológicas e se desdobram em novas esquinas, sempre a exigirem do pesquisador a atenção para que não se deixe levar pela sedução que assalta muitos leitores: a busca do documental, ou seja, a tendência de buscar na cidade da escrita as ruas e personagens da cidade extratextual.

Sob essa perspectiva, nosso esforço concentra-se em procurar encontrar por detrás das imagens que se mostram, aquelas que se ocultam e tentar captar uma "leitura do intervalo" (para usarmos a feliz expressão de João Alexandre Barbosa) –, ou seja, apreender a tensão criada entre a formalização estética e a história de um lado, e os valores sociais veiculados na obra literária, por outro.

Nesse itinerário, buscamos, pois, pensar a literatura como uma possibilidade de leitura do urbano,

> (...) capaz de conferir sentidos e regatar sensibilidades aos cenários citadinos, às suas ruas e formas arquitetônicas, aos seus personagens e às sociabilidades que nesse espaço têm lugar. (...) Sobre a cidade (...) se exercita o olhar literário, que sonha e reconstrói a materialidade da pedra sob a forma de um texto. O escritor, como espectador privilegiado do social, exerce a sua sensibilidade para criar uma cidade do pensamento, traduzida em palavras e figurações mentais imagéticas do espaço urbano e de seus autores. (Pesavento, 1999, p.10)

Ou seja, nas trilhas de Pesavento, intentamos percorrer as ruas da Luanda do imaginário angolano expresso em sua literatura, não descurando, entretanto, as coordenadas que deram forma e continuam a interferir e moldar a "materialidade da pedra" dessa cidade da África Austral.

Sabemos dos riscos que essa caminhada guarda, mas ousamos seguir esse caminho, buscando "ler" a cidade de Luanda por meio de textos literários que a tomaram como cenário privilegiado.

Cidade, Literatura e Império: uma relação pouco focalizada

Como bem aponta Raymond Williams, a aparição e a expansão da cidade modificam radicalmente a paisagem, redundando numa imposição à consciência de novas conexões, de "uma nova maneira de ver a ordem humana e social como um todo" (Williams, 1989, p.208) e acaba por tornar-se convenção literária funcionando, dessa maneira, como produtora de numerosas imagens e formações discursivas:

> O campo e a cidade são realidades históricas em transformação tanto em si próprias quanto em suas inter-relações. Temos uma experiência social concreta não apenas do campo e da cidade, em suas formas mais singulares, como também de muitos tipos de organizações sociais e físicas intermediárias e novas.
> No entanto, as idéias e imagens do campo e da cidade ainda conservam sua força acentuada. Esta persistência é tão significativa quanto a grande variedade, social e histórica, das idéias em si. O contraste entre campo e cidade é, de modo claro, uma das principais maneiras de adquirirmos consciência de uma parte central de nossa experiência e das crises de nossa sociedade. (Williams, 1989, p.387)

Verifica-se, contudo, que os estudos teóricos sobre o novo espaço narrativo que se consolida no século XIX na literatura Ocidental serão poucos comparativamente àqueles dedicados a outros elementos estruturais da narrativa (tempo, personagens e, sobretudo, foco narrativo).

Apenas contemporaneamente, com as sociedades em rede e a mundialização efetiva do fenômeno urbano, temos uma reflexão mais alargada sobre a relação entre a cidade e a literatura. Sem dúvida, assiste-se hoje a uma nova cartografia, em que o urbano – os computadores e a tecnologia de comunicação – alargou-se sobremaneira, rearticulando constantemente territórios e determinando novos padrões de percepção do espaço[1].

---

1 A respeito, ver o interessante diálogo entre Nelson Brissac e Antonio A. Arantes, apresentado no número 21 da revista *Nossa América* (2004).

No que concerne à discussão à qual no referimos, entretanto, verifica-se que ela fica bastante rarefeita quando buscamos trabalhos que reflitam sobre a relação entre cidade, literatura e o fenômeno do império. E, no entanto, segundo entendemos, a focalização dessa tríade pode auxiliar decisivamente nosso entendimento e atuação no mundo contemporâneo.

Nesse sentido, talvez valha a pena determo-nos, ainda que rapidamente, em alguns títulos que se dedicaram à cidade enquanto espaço literário, explicitando como seus autores focalizaram a questão imperial.

A começar, sem dúvida merece destaque o clássico estudo de Walter Benjamin sobre a literatura do poeta francês Charles Baudelaire, referência obrigatória quando se trata de abordar a questão cidade/literatura. Sem dúvida, *Charles Baudelaire, um lírico no auge do capitalismo* (Benjamim, 1989) revela-se texto paradigmático ao articular a relação literatura e vida social a partir da abordagem da Paris do século XIX e seu grande poeta, Charles Baudelaire. Composto de duas grandes partes, o texto apresenta algumas personagens da cidade transformadas em temas literários e reflexões sobre a conformação que o urbano impõe à literatura de nosso tempo. Sob esse aspecto, ganha especial atenção a personagem do *flaneur* que no texto de Benjamim adquire novos contornos e/ou relaciona-se com outras personagens.

Com os olhos postos na literatura, mas sem descurar do cotidiano da capital francesa, centro do ocidente naquele momento, Benjamin é capaz de focalizar desde o objeto mais prosaico – como as capas para relógios de bolso – até a formação de um gênero como o romance policial, sem, contudo, deixar de focalizar sempre a poesia de Baudelaire.

Há de se assinalar, contudo, que há uma Paris – que nos interessa de perto – a qual, infelizmente, Benjamin não iluminou em suas reflexões: a metrópole de um império colonial, já que seu texto ainda que se refira às galerias e cafés, ao *flaneur* e à multidão, deixa à sombra o fato colonial. A respeito, Willi Bolle em um estudo sobre a obra do pensador, aponta:

Até que ponto o conceito de "metrópole" é estudado por Benjamin como categoria do imperialismo? A visão do autor não deixa de ser sujeita ao eurocentrismo. A concepção das exposições "universais" como eventos "europeus" – (...) – é tacitamente aceita por ele. Fica incólume o sonho europeu de ser o umbigo do mundo.
(...) Benjamin apresenta a capital do século XIX contra o pano de fundo do "imperialismo napoleônico", porém sem entrar em detalhes. A não ser uma referência à Monarquia de Julho, quando aponta o caso de Alexandre Dumas, que recebeu do governo uma volumosa oferta para colocar sua literatura a serviço da propaganda colonial. No mais, as passagens sobre o colonialismo são raras na obra de Benjamin; quando ocorrem é em lugares aparentemente irrelevantes; não são teóricas, mas trata-se de visões subjetivas (...). (Bolle, 1994, p.30-1)

As argutas observações de Bolle seguem a mesma direção da crítica que Edward Said fará a Raymond Williams, na medida em que o colonialismo é escamoteado no pensamento de Benjamin e o imperialismo, de certa maneira, sai incólume de suas reflexões.

Sob esse particular, Raymond Williams e seu *O campo e a cidade* (1989) referência a qual não pode ser deixada à margem, já que examina, a partir das obras literárias, a formação de uma convenção no ocidente que contrapõe cidade a campo, dando a cada um desses espaços uma valoração específica, merece também ser examinado à luz das críticas realizadas por Edward Said que em seu *Cultura e imperialismo* (1995) afirma:

Mas então porque Williams descreve "esse tempo transformador, liberador e ameaçador" sem se referir à Índia, à África, ao Oriente Médio e à Ásia, visto que foi para essas terras que vida britânica em transformação se expandiu e as ocupou, como indica Dickens timidamente? (Said, 1995, p.45)

Sem dúvida, o fenômeno do colonialismo não comparece como fato de peso nas reflexões de Williams, o que de certa maneira estreita seus limites, como bem aponta Said, já que a metrópole e a cidade colonial constituem marcos indispensáveis na cartografia de nosso tempo, especialmente porque nos alicerces da fortuna das cidades européias imperiais estão os contraditórios espaços das cidades coloniais.

Além desses estudos clássicos, cremos ser importante ainda citar dois títulos sobre o assunto: "Paris, como a capital literária da América Latina", de Pierre Rivas (1993), e *O romance da urbanização*, de Fernando C. Gil.

O primeiro deles, ao abordar a questão da importância de Paris – símbolo do eurocentrismo – para o pensamento latino-americano no século XX, possibilita que se reflita não apenas sobre o papel do intelectual da América Latina em face das idéias européias, como também sobre a inserção do pensamento dos chamados países periféricos na intelectualidade internacional. Sob esse particular, esse texto apresenta uma outra visão de Paris que não apenas a da cidade capital, como cenário,

> (...) mas um lugar (vazio): a "Função de Paris" (Valéry) como lugar de criatividade descentralizada sua função de emergência da identidade latino-americana de partir de um "outro lugar"; a significação do *détour* parisiense como revelação do escritor da periferia – acessoriamente, a relação entre escritura e exílio, enquanto desvelamento nacional. (Rivas, 1993, p.99)

O "lugar vazio" percebido simbolicamente pelos autores ibero-americanos – na medida em que Paris representaria o pólo de convergência das ciências e das artes daquele momento e, portanto, o espaço em que não predominaria um único discurso a não ser o da modernidade – será alçado a modelo de universalidade a ser perseguido pelos produtores culturais. Ou seja, a cidade passa a simbolizar a ultrapassagem do localismo e a possibilidade de modernidade, o que não deixa de ser bastante curioso, pois a capital imperial, ambiguamente, será percebida também como possibilidade de singularização frente ao colonizador europeu.

Relativamente ao texto de Gil, temos uma reflexão interessante sobre o chamado "romance brasileiro social de 30" e, a partir de seu estudo, a identificação uma nova categoria, o "romance da urbanização", cujas páginas seriam atravessadas pela tensão que percorre o Brasil daquele momento: a urbanização acelerada em um país arraigadamente agrário. Nesse sentido, o autor aponta:

> Significativamente, o romance da urbanização é produzido e ambientado ficcionalmente fora do eixo econômico, político e cultural dominante do país, isto é, as cidades do Rio de Janeiro e de São Paulo. O seu espaço, no duplo sentido apontado, serão cidades que estão e/ou ficaram a meio passo entre o desenvolvimento e a modernização urbana e o peso do passado e do atraso rurais. Entre o bonde e a carroça, digamos assim, para nos valermos de uma feliz imagem oswaldiana. (Gil, 1999, p.41)

A especificidade desses textos – entre os quais se incluiriam *O amanuense Belmiro*, de Cyro dos Anjos, *Angústia*, de Graciliano Ramos e *Os ratos*, de Dyonélio Machado – seria ditada pelas contradições que os percorrem, redundando em impasses formais e temáticos, que explicitariam, em última instância, um passado arcaico que intenta se esconder sob a fachada da modernidade.

Ambos os textos apresentam questões importantes para nosso estudo, na medida que inserem as produções letradas e as projeções feitas das cidades – seja a metrópole francesa, sejam as cidades brasileiras, no quadro mais amplo das relações entre o produtor artístico e seu momento histórico.

O espaço narrativo

Conforme afirmamos anteriormente, ao espaço narrativo poucos estudos foram dedicados se os compararmos a outros elementos estruturais da narrativa (muito especialmente sobre o foco narrativo e sobre personagens); ora, a exiguidade dos trabalhos é ainda maior quando levamos em consideração análises e reflexões que tenham como foco privilegiado a díade Literatura e vida social, linha de pesquisa que orienta nossos trabalhos. Dada a escassez de reflexões teórico-metodológicas sobre o assunto, iremos nos reportar de maneira geral a textos que consideramos importantes, dedicando maior atenção aos trabalhos teóricos e aos autores que se constituíram em referências mais próximas em nosso percurso.

Assim, não podemos deixar à margem as trilhas propostas pelo estudo de Iuri Lotman intitulado *A estrutura do texto artístico*, o qual, no capítulo "A composição da obra artística verbal" dedica-se a "O problema do espaço artístico", dando relevo ao fato de que

> Os modelos do mundo sociais, religiosos, políticos, morais, os mais variados, com a ajuda dos quais o homem, nas diferentes etapas de sua história espiritual, confere sentido à vida que o rodeia, encontram-se invariavelmente providos de características espaciais". (Lotman,18, p.361)

Ou seja, o autor aponta uma ligação estreita entre a visão que temos do mundo e a representação espacial que dele fazemos, de maneira que as "características espaciais" serviriam como forma de referência ao mundo que nos cerca e às imagens – oníricas, sociais, ideológicas – que elaboramos do mesmo.

Vale lembrar, ainda, que a correlação entre espaço e valorações ideológicas, segundo o autor, estaria na base da representação do espaço na obra literária. Essa senda teórica parece-nos muito importante, na medida em que não se trata apenas de situar e focalizar o espaço narrativo em uma perspectiva *interna*, ou seja, nas correlações com os outros elementos estruturais da narrativa mas, principalmente, questionar os valores que expressa, a visão de mundo que carrega. Em outras palavras, a partir das tensões e valores propostos pelo texto, chegar às relações extratextuais.

O elo entre texto e contexto se faz, portanto, a partir do espaço narrativo e de como ele é capaz de elaborar um "sistema geral" que está na base de um quadro de valores:

> Como vemos, a estrutura espacial de um texto ou doutro, realizando modelos espaciais de um tipo mais geral (da obra de um determina-

do escritor, de uma corrente literária ou de outra, desta ou daquela cultura regional), apresenta não só uma variante do sistema geral, mas também entra de determinado modo em conflito com ela, desautomatizando a sua língua. (Lotman, 1978, p.372-3)

Uma das maneiras de estabelecimento da valoração seria a identificação dos "pares opositivos" que percorreriam todas as narrativas, criando uma tensão em que o conteúdo ideológico estaria latente:

> Os conceitos "alto-baixo", "direito-esquerdo", "próximo-longínquo", "delimitado-não delimitado", "discreto-contínuo" são um material para construir modelos culturais sem qualquer conteúdo espacial e tomam o sentido de "válido-não válido", "bom-mau", "os seus-os estranhos", "acessível-inacessível", "mortal-imortal" etc. Os modelos do mundo sociais, religiosos, políticos, morais, os mais variados, com a ajuda dos quais o homem, nas diferentes etapas da sua história espiritual, confere sentido à vida que o rodeia, encontram-se invariavelmente providos de características espaciais, quer sob a forma de oposição "céu-terra", ou "terra-reino subterrâneo" (estrutura vertical de três termos, ordenada segundo o eixo alto-baixo), quer sob a forma de uma certa hierarquia político-social com uma oposição marcada dos "altos" aos "baixos", noutro momento sob a forma de uma marca moral de oposição "direita-esquerda". (...) (Lotman, 1978, p.361)

É a partir das reflexões de Lotmam que se pode pensar produtivamente, por exemplo, a oposição "Baixa-Musseque" na literatura angolana contemporânea e os valores e tensões que presidem a essa oposição. Em outras palavras, a partir dos elementos internos do texto – identificados aos "pares opositivos", pode-se lançar pontes para uma interpretação que leve em consideração as coordenadas sociais, ou seja, os elementos externos ao texto.

Um outro teórico que deve obrigatoriamente ser mencionado é Lukács que em seu "Narrar ou descrever? – A propósito da discussão sobre naturalismo e formalismo" (*Problemas do realismo*), publicado pela primeira vez no ano de 1956, elabora a distinção entre a narração e os processos descritivos sob um ponto de vista ideológico. Lembre-se como o autor desenha a relação ideologia e sujeito do discurso a partir da focalização, em *Anna Karenina*, de uma corrida de cavalos:

> Em *Anna Karenina* as corridas constituem o ponto crítico de um grande drama. A queda de Wronski significa a mudança repentina na vida de Ana. (...) Todas as relações entre as personagens principais da novela entram em uma fase decisiva a partir das corridas. De modo que elas não são aqui um "quadro", mas uma série de cenas altamente dramáticas, um ponto crítico da ação conjunta. (Lukács, 1964, p.172)
> O contraste entre o conviver e o contemplar não é casual. Provém da posição básica do próprio escritor. Mais concretamente, de sua atitude fundamental frente à vida, frente aos grandes problemas da sociedade, e não somente como método de tratamento artístico da matéria ou de certas partes da mesma.[2] (Lukács, 1976, p.172, 177)

O que se deve enfatizar é que Lukács examina as potencialidades que a narração e a descrição encerram, ligando-as a duas instâncias: a do escritor – ou produtor (narração), e a do espectador – receptor (descrição) e, sob esse aspecto, ainda que algumas vezes de forma algo estreita em suas análises, privilegia os vínculos que a produção artística mantém com a sociedade em que está inserida a partir da medicação do autor.

No Brasil, o trabalho de Osman Lins, *Lima Barreto e o espaço romanesco*, – em que o autor modestamente aponta a possibilidade de não ser "sempre tão ortodoxamente abstrato como desejaria um

---

2 No corpo do texto, aparece tradução nossa de: "Em *Anna Karenina* constituyen las carreras el punto crítico de un gran drama. (...) todas las relaciones de los personajes principales de la novela entran como resultado de las carreras en una nueva fase decisiva. De modo que las carreras no son aqui un "cuadro", sino una serie de escenas altamente dramáticas, un punto crítico de la acción conjunta. (p.172)
El contraste entre el convivir y el contemplar no es casual. Proviene de la posición básica Del proprio escritor. Y más concretamente de su actitud fundamental frente a la vida, frente a los grandes problemas de la sociedad, y no solo como método de un tratamiento artístico de la materia o de ciertas partes de la misma."

verdadeiro crítico ou um teórico puro" (Lins, 1976, p.13) – apresenta-se como um dos mais interessantes produzidos na área. Ao re-fazer os caminhos da tradição crítica relativamente ao espaço e ligar os "motivos" propostos por Tomachevski em "Temática" (1973) às questões de espaço, narrador e personagem, Lins acaba por elaborar um estudo indispensável.

Em seu estudo, no capítulo V intitulado "Espaço romanesco e ambientação; Ambientação franca; Ambientação reflexa; Ambientação oblíqua; Ordem e minúcia; a perspectiva", Lins realiza uma classificação dos processos de indicação do espaço na obra narrativa e cuja terminologia (ambientação franca – equivalente à introdução do ambiente pelo narrador; ambientação reflexa – em que os objetos e paisagem são percebidos por meio da personagem e ambientação dissimulada ou oblíqua em que os atos da personagem vão fazendo surgir o que a cerca) adotamos várias vezes em nosso percurso de leitura das obras ficcionais escolhidas.

Importante também assinalar os conceitos de "Ambientação" e "Atmosfera" elaborados pelo autor:

> Designação ligada à idéia de espaço, sendo invariavelmente de caráter abstrato – de angústia, de alegria, de exaltação, de violência etc. –, consiste em algo que envolve ou penetra de maneira sutil as personagens.
> (...)
> Por ambientação, entenderíamos o conjunto de processos conhecidos ou possíveis destinados a provocar, na narrativa, a noção de um determinado ambiente. Para a aferição do espaço, levamos a nossa experiência do mundo. Para ajuizar sobre a ambientação, onde transparecem os recursos expressivos do autor, impõe-se um certo conhecimento da arte narrativa. (Lins, 1976, p.76-7)

Como se pode observar, há aqui uma certa confluência com as reflexões de Lotman, na medida em que para Osman Lins é possível estabelecer uma articulação produtiva entre "os recursos expressivos do autor" e "a nossa experiência do mundo".

Gostaríamos de assinalar ainda que, para Lins, o estudo do espaço narrativo não pode ser desvinculado de outros elementos estruturais da narrativa, especialmente personagem e foco narrativo. A classificação da *ambientação* em um texto, conforme apontado acima, demonstra essa perspectiva, a partir do momento em que a correlação personagem ou narrador e espaço pode nos situar adequadamente em termos ideológicos.

É oportuno lembrar ainda que, embora não citados diretamente, alguns dos textos do mestre Antonio Candido estão na base de nossas reflexões. Referimo-nos especialmente a três deles: "O homem dos avessos" e "Entre campo e cidade", ambos publicados no volume *Tese e antítese* (1978) e "Degradação do espaço", de *O discurso e a cidade* (1989). Eles são os modelos de análise perseguidos, ainda que nossos passos nem sempre logrem alcançar a dimensão crítica dos lúcidos textos do estudioso.

Os dois primeiros focalizam a função do espaço na obra de autores paradigmáticos das literaturas em língua portuguesa: Guimarães Rosa e Eça de Queirós. Já o último dos textos acima citados é particularmente interessante para nosso trabalho, na medida em que destaca as tensões que percorrem o romance *L'assemoir*, de Zola, a partir da discussão de uma oposição básica entre as águas limpas e as sujas existentes no texto e que são operacionalizadas por Gervaise, personagem protagonista da narrativa. A articulação entre personagem, espaço e enredo realizada pelo estudioso mostra-se caminho bastante fértil, na medida em que várias instâncias do discurso literário são mobilizadas tendo em vista uma leitura integralizadora do texto.

Os textos acima citados, conforme indicamos inicialmente, constituem referências importantes sobre o espaço narrativo e são verdadeiros marcos sobre a matéria.

A cidade literária

Segundo entendemos, as cidades literárias não são apenas espaço narrativo, na medida em que podem ser aproximadas de outras formações discursivas e, a essa luz, não raro apontam para os anseios de uma "comunidade imaginada" estando, pois, afeitas às ações do campo intelectual. Dessa maneira, examinar a geografia de seus textos é também iluminar outras forças que não as especificamente literárias. A esse respeito, é importante o que aponta Jorge da Cunha Lima em "Fragmentos de um discurso urbano" quando fala das cidades brasileiras e a projeção que as mesmas recebem no imaginário nacional:

> Toda nação, quando se desenvolve, *acaba confundindo o desejo nacional com alguma cidade que, no decurso do tempo e na geografia, passa a significá-la.*
>
> No Brasil emergente do século XVII, já adentrando o *otocento*, essa cidade foi Salvador, valhacouto de todos os delírios, tão bem demarcada pelo verbo de Vieira quanto pelo verso irreverente de Gregório de Matos. No século XVIII, confundindo-se com o anseio de cidadania e de liberdade, representando mesmo uma sociedade marcadamente urbana estruturada, Ouro Preto foi nossa primeira metrópole. No século XIX, já no fim deste, avançando pelo XX, o Rio de Janeiro emplacou um cosmopolitismo político e literário do qual sobraram os romances de Machado e um belo traçado urbano. (Cunha Lima, 1986, p.39) (Grifamos)

Esse ponto de partida parece-nos interessante à medida que as cidades são examinadas não apenas enquanto paisagem geográfica, mas como espaço (para usarmos aqui uma distinção cara à geografia contemporânea)[3], e, portanto, sua função, sua funcionalidade e o imaginário de que as mesmas são investidas contam decisivamente em seu desenho. Conforme já fizemos referência, a forma de encararmos a cidade de Luanda ao longo desse trabalho aproxima-se de-

---

3 A respeito, vale lembrar as palavras de Milton Santos sobre essa distinção: Ao nosso ver, a questão a colocar é a da própria natureza do espaço formado, de um lado, pelo resultado material acumulado das ações humanas através do tempo, e, de outro lado, animado pelas ações atuais que hoje lhe atribuem um dinamismo e uma funcionalidade. Paisagem e sociedade são variáveis complementares cuja síntese, sempre por refazer, é dada pelo espaço humano. (Santos, 2002, p.106)

cisivamente dessa visão, já que buscamos examinar, por exemplo, o papel desempenhado por Luanda na luta de libertação nacional, bem como o espaço preponderante que essa cidade ocupa no imaginário e na vida nacional angolana contemporaneamente. Ou seja, a capital de Angola pode ser vista (e assim procuraremos focalizar esse espaço) como ponto de convergência do "desejo nacional" dos angolanos, de forma que no período imediatamente anterior à independência, ela tornou-se símbolo de resistência ao colonialismo e luta pela liberdade, confundindo-se com as palavras de ordem do Movimento Popular de Libertação de Angola (MPLA), ligação essa que se manteve até depois da independência, quando um novo projeto (um "desejo", para utilizarmos as palavras de Cunha Lima) para o país começou a se formar e a modificar a forma como a literatura desenhou a geografia de Luanda nas letras nacionais angolanas.

A escrita e as faces da cidade colonial

Se, conforme procuramos apontar, nos estudos sobre a presença das cidades na literatura tem sido deixada à margem a questão do império, quando nos referimos à escrita de uma cidade colonizada, como Luanda, é fundamental que reflitamos sobre o *status* dessa cidade em função do papel que a colônia representa no jogo de forças coloniais.

Sob esse particular, pode-se verificar que a cidade fundada pelos colonizadores nos territórios conquistados não mantém um perfil exclusivo, já que o mesmo varia de acordo com os interesses da metrópole. No caso das urbes nascidas sob o império colonial português, poderíamos traçar uma tipologia de alteração de seu *status* de acordo com o poder imperial e as relações de autoconsciência da colônia. Assim, podemos dizer que a cidade, primeiramente, adquire a feição de *cidade portuguesa no além-mar*, representação do "sonho de uma Ordem" colonizadora que se pretende duplicada nas praias a que chegaram as caravelas. Nesse sentido, ainda que prevaleçam a precariedade das construções e a adversidade do meio, o modelo metropolitano impõe-se como paradigma da urbanização e, politicamente, qualquer movimento centrípeto nascido na colônia em relação ao poderio central é esmagado.

As realizações letradas dessa "cidade no além-mar" serão o texto encomiástico, as "Memórias", os Tratados sobre a terra, ou ainda produções literárias satíricas que exaltem a metrópole ao rebaixar a colônia. Deve-se frisar, entretanto, que essa produção, tenha o aspecto que tiver, procurará sempre mirar a terra sob lentes ajustadas ao foco do lucro e interesses metropolitanos.

Em um segundo momento, teríamos a *cidade colonizada*. Suas ruas, instituições e representações simbólicas não ostentam mais o reflexo brilhante de Lisboa, pois começam a refratar um nativismo nascente. Ao mesmo tempo, não se pode deixar à margem o fato de a metrópole, nesse instante, já não apresentar a face iluminada do poder imperial, pois tolda-lhe a luz a sua dependência explícita a outros centros.

Como forma de representação literária desse momento, teríamos o texto produzido pelos "naturaes da terra" ou pelo "português de segunda" (conforme terminologia usada pelos metropolitanos em relação a seus patrícios brancos nascidos já em território colonizado). São textos bifrontes que trazem a marca da cor local, com enaltecimento da natureza da colônia, mas em alguns deles os olhos estão postos no público europeu. Explicitam assim uma simpatia para com o território colonizado e suas gentes, mas revelam as contradições do produtor letrado. Talvez seja difícil delimitar exatamente esse momento. Mas podemos dizer que ele indicia um forte nativismo e se constitui em um primeiro momento de autoconsciência da colônia.

O terceiro movimento que identificaríamos na trajetória das mudanças de *status* dessa cidade é sua inserção em uma nova ordem, não mais colonialista, pois a colônia começa a tornar-se sujeito de sua história. Iniciam-se aqui os movimentos em prol da autonomia com o engajamento decisivo dos letrados. Esse momento engendra uma literatura cuja marca é a tensão entre a negação dos modelos tecno-formais do colonizador e a fundação de uma nova escrita, cujo traço singularizador é a proposta de nacionalismo: no vocabulário, nas situações retratadas, no novo ângulo com que é focalizada a relação colônia/metrópole. Lembre-se de que no caso do Brasil a natureza foi a forma de auto-afirmação dos românticos no movimento da independência de Portugal, conforme nos lembra Antonio Candido quando afirma que

> a idéia de pátria se vinculava estreitamente à da natureza e em parte extraía dela a sua justificativa. Ambas conduziam a uma literatura que compensava o atraso material e a debilidade das instituições por meio da supervalorização dos aspectos regionais, fazendo do exotismo razão de otimismo social. (Candido, 1989, p.141)

Já em Angola o que se observa é a eleição da *cidade re-africanizada*, recriada a partir de sua face africana e não mais européia, distante, entretanto, do exotismo que os românticos brasileiros construíram em seus textos.

É nesse período – e sobre o qual nos debruçaremos especialmente ao longo de nosso trabalho – que ganha corpo a denúncia do colonialismo a partir da tematização da "cidade *do* colonizado". Ela será focalizada na plenitude de sua violência e com a marca da exclusão que caracteriza o sistema colonial de dominação. Sob esse particular, a representação da cidade não se afastará muito do retrato desenhado por Fanon:

> A zona habitada pelos colonizados não é complementar da zona habitada pelos colonos. Estas duas zonas se opõem, mas não em função de uma unidade superior. Regidas por uma lógica puramente aristotélica, obedecem ao princípio da exclusão recíproca: não há conciliação possível, um dos termos é demais (...) A cidade do colono, uma cidade sólida, toda de pedra e ferro. É uma cidade iluminada, asfaltada (...) A cidade do colonizado (...), um lugar mal-afamado, povoado de homens mal-afamados (...) Um mundo sem intervalos, onde os homens estão uns sobre os outros, as casas umas sobre as outras (...) A cidade do colonizado é uma cidade acocorada, uma cidade ajoelhada, uma cidade acuada." (Fanon, 1979, p.28-9).

Ou seja, a escolha que o intelectual colonizado faz ao representar a cidade colonizada, tornando os "homens mal-afamados" os protagonistas de suas histórias e/ou de seus poemas, é já uma forma de engajamento, pois não se trata apenas de uma opção estética (abordar este ou aquele personagem, trabalhar um ou outro espaço, escolher um ou outro registro lingüístico), mas sim de uma escolha consciente e refletida, que toma partido e demonstra seu comprometimento com uma parcela da população e uma reflexão sobre a situação colonial. A escolha ético/estética, nesse caso, consubstancia-se em uma recusa à passividade e, sob esse particular, não causa espécie que esse intelectual tenha papel decisivo também como militante na luta de libertação de seu país. Nessa senda, são incontornáveis as reflexões de Albert Memmi:

> A emergência de uma literatura de colonizados, a tomada de consciência de escritores norte-africanos, por exemplo, não é um fenômeno isolado. Participa da tomada de consciência de si mesmo de todo um grupo humano. O fruto não é um acidente ou um milagre da planta, mas o sinal de sua maturidade. Quando muito o surgimento do artista colonizado precede um pouco a tomada de consciência coletiva da qual participa, que acelera com sua participação. (Memmi, 1977, p.99)

Dadas as balizas e sinalizados os caminhos, iniciemos a viagem, percorrendo as ruas da Luanda da escrita.

2
A CIDADE AFRICANA

As cidades africanas fruto da colonização – entendidas como tal e não apenas como entreposto mercantil – nasceram praticamente no século XIX, a partir da corrida das metrópoles européias para garantirem a posse dos territórios naquele continente, especialmente após o Tratado de Berlim (1884-1885). Antes disso, temos pequenos aglomerados urbanos em que era de fundamental importância o porto, com seu posto de contabilidade cuja principal função era o de "dar contas" do embarque de escravos e "produtos da terra". Somadas a ele, a cadeia e a igreja (representantes, respectivamente, da Ordem laica e da divina) marcavam a presença da "civilização ocidental" na África.

Mas antes dos europeus, há as cidades africanas. E vale a pena lembrarmos de sua existência, até como forma de contrapormo-nos a uma visão equivocada e colonialista, a qual afirma que o fenômeno urbano em África deve ser pensado a partir da chegada dos colonizadores, já que a existência de sociedades camponesas extremamente sólidas, aliadas ao efêmero dos materiais utilizados nos assentamentos dos povos autóctones, impossibilitaria que se falasse de cidades *tout court* no caso do continente africano pré-colonial.

A contrapelo dessa visão, Henri Lefebvre situa a questão das cidades sob uma perspectiva diversa da maioria dos estudos e, ao fazê-lo, possibilita que se descortine uma perspectiva diferente daquela que a acima referida:

> A representação segundo a qual o campo cultivado, a aldeia e a civilização camponesa teriam lentamente secretado a realidade urbana, corresponde a uma ideologia. Ela generaliza o que se passou na Europa por ocasião da decomposição da romanidade (do Império Romano) e da reconstituição das cidades na Idade Média. Pode-se muito bem sustentar o contrário. A agricultura somente superou a coleta e se constituiu como tal sob o impulso (autoritário) de centros urbanos, geralmente ocupados por conquistadores hábeis, que se tornaram protetores, exploradores e opressores, isto é, administradores, fundados de um Estado ou de um esboço de Estado. A *cidade política* acompanha, ou segue de perto, o estabelecimento de uma vida social organizada, da agricultura e da aldeia. (Lefebvre, 1999, p.20-1)

Ao propor um novo modelo para a relação campo/cidade a partir da "cidade política", a qual administra, protege e explora um território, Lefebvre busca ultrapassar a dicotomia entre espaços rurais e urbanos (que domina os estudos na área), situando suas preocupações no processo amplo e dialético da urbanização da sociedade.

Cremos ser importante atentar para o movimento que o estudioso realiza ao iluminar a questão da cidade sob outros prismas que não a dualidade, pois essa focalização permite que possamos melhor situar as cidades africanas, já que elas não cabem nos modelos europeus clássicos (ainda que, como veremos, também escapem do modelo aqui examinado).

Na verdade, há questões importantes quando se consideram a construção e ocupação da cidade africana (como sua relação com a religiosidade e o mundo da produção, por exemplo), na medida em que sua existência não pode ser dissociada do fenômeno do colonialismo.

Dessa forma, a juventude e a dinamicidade das cidades africanas, alardeadas por algumas autoridades coloniais como forma de dar ênfase ao "trabalho civilizador" dos colonos, devem ser examinadas com certo cuidado. Veja-se, à guisa de exemplificação desse discurso etnocentrista, as palavras de Alexandre Lobato no índice do volume intitulado *Quatro estudos e uma evocação para a história de Lourenço Marques* (1961):

(...) Lourenço Marques, que ao investigador se apresenta, em Moçambique, como o mais espantoso e significativo caso de total rompimento com o passado, como resultado de um esforço prodigioso, tenaz, constante e surpreendente que se deve, por inteiro aos homens do passado e ao seu ideal lusíada. (...) *Lourenço Marques é neste sentido a prova completa de uma capacidade extraordinária* que se multiplicou na Beira, em Nampula, e prolifera nas pequenas vilas do mato. (...) Tudo novo e atual, moderno e futuro, pujante e fecundo. (...) *Renascemos, e quando se renasce não interessa o que se foi.* Nem se compreende. Apenas se pode admirar. A história tem ao menos a virtude de tornar isso possível. (Lobato, 1961, p.13-5) (Grifamos)

Cremos que a ênfase dada, no trecho citado, ao início da história a partir do colonizador e ao rompimento com o passado do colonizado, dispensa maiores comentários.

Sob o mesmo assunto, vale lembrar o que afirma Manuel G. Mendes de Araújo em uma perspectiva oposta à de Lobato:

A África subsaariana distingue-se do resto do mundo pela juventude das suas cidades e por uma grande corrida à urbanização, que é o testemunho duma dinâmica que procura recuperar aquilo que é considerado como o seu atraso histórico neste âmbito. Esta visão, de certa forma eurocentrista do fenômeno urbano em África, não considera as aglomerações humanas existentes antes da chegada dos europeus, e que constituíam autênticos centros urbanos em termos de dimensão, de funções e de estrutura. (Araújo, 1997, p.114)

Ou seja, o fenômeno urbano não surge com o colonizador, já que nos reinos africanos pré-colonização, encontramos um grande número de cidades, com funções nem sempre próximas às que conhecemos, como atestam os "zimbabwés"[1] do Muenemutapa, ou cidades caravaneiras do Sahel, mas que podem ser denominadas como tal, segundo o professor Sandro Bruschi:

> De fato, na história africana, não sempre são utilizáveis as definições de cidade utilizadas na historiografia européia, que são baseadas nos requisitos de permanência, densidade de ocupação do solo, concentração de população, presença de uma percentagem elevada de trabalhadores não agrícolas, ou pelo menos, utilizando juntamente todos estes requisitos, a definição de cidade torna-se demasiado restrita. (Bruschi, 2001, p.3)

Ora, os três requisitos com que se define o fenômeno urbano nem sempre são encontráveis nos aglomerados africanos, ou então, encontram-se com variações notáveis, já que a cidade africana pode ser caracterizada, diferentemente da urbe ocidental, por sua precariedade, pelo valor simbólico e hierárquico de seu espaço e pela homogeneidade de seus edifícios, ou seja, a "cidade política" e o exercício do poder religioso e político não raro condicionaram a ocupação dos espaços. Destarte, ocorrem situações estranhas ao ocidente como, por exemplo, a existência de centros urbanos definidos como capitais, porém não necessariamente como cidades no "sentido de lugares de produção especializada e troca de produtos raros" (Bruschi, 2001, p.3). Ocorre que um grande número de assentamentos antigos africanos coincide com o local em que se encontra um chefe político e religioso, e, sob esse aspecto, seria possível uma definição de cidade como sendo o lugar onde está o poder temporal e religioso e que, mudando, indica o novo local para onde deve se erguer o novo agrupamento que deverá obedecer, em sua instalação, a regras no que se refere à ligação com o ambiente e com os antepassados. Sob

---

1 Segundo Bruschi, a palavra "zimbabwe" designa todos os restos de muralhas de pedra que cercavam as casas dos membros da classe dominante. "Fora das muralhas estendiam-se os muito mais populosos assentamentos das classes subalternas, só recentemente descobertos dada a dificuldade de conservação dos materiais com que as casas eram construídas". (Bruschi, 2001, p.143)

esse particular, o exemplo lunda, referido por Henrique de Carvalho no seu *Ethnographia e História tradicional dos povos da Lunda* é bastante elucidativo, na medida em que, conforme se lembra, um ramo de mulembeira (*Ficus thonningii*) plantado pelo chefe indicava se o espaço em que o galho penetrou a terra seria ocupado ou não pelo grupo, dependendo da germinação de uma nova árvore (sinal que os espíritos aprovariam a escolha) ou de sua morte. Assim, se as condições ecológicas (presença de água, de abrigo etc.) são importantes na instalação de uma cidade, não se pode esquecer que é "o dispositivo religioso que autoriza e precede toda e qualquer operação de natureza política, econômica, social" (Henriques, 2004).

Tendo em vista esse fato, pode-se afirmar que a

> (...) África teve grandes Estados, as capitais dos quais, embora em alguns casos tivessem uma população relativamente importante (10 a 30.000 habitantes), mudavam periodicamente de lugar e eram abandonadas quando morria o rei. (Bruschi, 2001, p.6)

Para ficarmos apenas no espaço africano de língua oficial portuguesa, lembremos, no que se refere a Reinos existentes no território hoje compreendido por Moçambique, o caso do mundo Zanj, no qual, segundo Sônia Corrêa & Eduardo Homem,

> (...) conviveram lado a lado as origens bantus e as influências islâmicas, num contexto mais de complementação que de desagregação. Uma descrição de Kilwa (atual Quelimane) feita por Ibn Battuta[2] no século XIV fala de uma cidade impregnada de costumes bantus nas artes, nas músicas, na comida e na religião, embora o invólucro fluido da cultura fosse nitidamente islâmico. Já no século XIX, um viajante inglês de nome Owen, envolvido com os portugueses no tráfico de escravos, passando por Quelimane descreve: "Um lugarejo miserável, onde não vai ninguém... mas, por onde andássemos, podíamos encon-

---

2 Ibn Battuta, viajante árabe do século XIV que escreveu um dos textos mais informativos sobre a África Negra de então, pois suas viagens cobriram praticamente todo o continente. (Nota dos autores)

trar, mesmo nos ângulos mais remotos, restos da riqueza e da civilização precedente, em forte contraste com a pobreza e a barbárie atual." (Corrêa & Homem, 1977, p.55).

Vale ainda referir Sofala, cuja organização social compreendia duas aldeias, uma delas com cerca de 400 moradores e a outra, a beira-mar, onde se erguiam as casas do rei, contava perto de sete mil moradores prontos para a guerra e defesa de seu soberano.

No caso de Angola, entre outros reinos (Matamba, Bailundo, Dembos, Ngoyo) – apenas para citar alguns dos mais estudados pelos historiadores e antropólogos –, merece destaque o do Ndongo, já que a tomada do poder por N'Zinga Mbandi, imortalizada como Rainha N'Zinga – política ardilosa que soube conter os portugueses com acordos bem preparados, guerras vitoriosas e alianças com os holandeses, por exemplo – daria grande destaque ao reino, conseguindo, inclusive, em 1635, formar uma grande coligação com estados de Matamba e Ndongo, Congo, Kassanje, Dembos e Kissama.

Recorde-se ainda que a Rainha N'Zinga ou Ginga é hoje presença obrigatória na história da resistência angolana aos colonizadores[3], na medida em que seu senso político, aliado ao poder das armas tornou-a "o inimigo mais temível com que os portugueses tiveram de defrontar" (Boxer, 1973, p.240).

Relativamente ao Reino do Congo, onde se deu o primeiro contato mais efetivo entre os portugueses e os africanos, o mesmo ter-se-ia formado no século XIII, quando os clãs do Grupo Kikongo se reuniam à volta de um chefe chamado Wene ou Nimi a Lukeni. Com uma organização que compreendia seis estados – Mpemba, Soyo, Mbata, Nsundi e Mpanzu – o Reino do Congo estendia sua jurisdição até a Ilha de Luanda (habitada pelos axiluanda), de onde se retirava o *Ndjimbo* ou *Zimbo*, pequenas conchas do mar que funcionavam como moeda. Sua capital, Mbanza Congo (renomeada pelos

---

3 Figura literária também, na medida em que é protagonista ou referência em vários romances, como, por exemplo, o angolano *N'Zinga Mbandi*, de Manuel Pedro Pacabira (1975).

portugueses como São Salvador), era o centro de administração do reino, capitaneada pelo rei e seu conselho, constituído por membros de acordo com diferentes atribuições: secretários reais, coletores de impostos, oficiais militares, juízes e empregados pessoais. Segundo os documentos, no século XVI a cidade contava com mais de 50 mil habitantes, e sua geografia abrangia grandes mercados regionais em que produtos específicos de certas áreas (como sal, metal ou tecidos) eram trocados por outros, com um sistema monetário – a partir do zimbo já referido – consolidado e uma organização social estruturada a partir do rei e sua corte, conforme nos lembra o estudioso Teresa Neto:

> Mbanza Congo era tida como um autêntico mercado. A cidade era também a grande metrópole comercial e por ela passavam as principais rotas comerciais provenientes da costa e do interior. As trocas eram feitas nas margens do rio Zaire e na Costa do Oceano Atlântico. Existiam barcos à vela que transportavam os negociantes em grande número. Alguns negociantes faziam comércio com outros das regiões vizinhas. Com essas técnicas nasceu um comércio regional e a moeda (nzimbu) que circulava nas rotas comerciais de toda a fronteira meridional ao Atlântico. (Tereza Neto, 2004, p.24)

É sobre essa cidade que se refere o padre capuchinho Cavazzi, depois de descrever as habitações dos africanos, em uma visão bastante diversa da acima referida e que vale a pena ser aqui apresentada para que reiteremos nossa argumentação sobre o olhar colonial construído sobre as cidades africanas, negando-lhes este *status*:

> Em geral, as habitações (...), exceto as que foram construídas pelos europeus, consistem num único quarto, redondo, e são entrelaçadas com paus espetados no chão, tendo exteriormente uma camada de barro amassado com palha. O teto é formado com folhas de palmeira ou com outras canas finas e resistentes, de maneira que não deixa passar o sol nem a chuva. Exteriormente são tão toscas e malfeitas que não podem ser comparadas com os mais míseros casebres da Europa; não têm alicerces nem pavimento.

(...)
Na cidade de S. Salvador e noutras partes caiam as choupanas com uma espécie de barro branco, de maneira que, colocadas com certa simetria, no meio de plantas verdes e floridas, dão a impressão de uma linda cena. Porém, como aquela cal não resiste às intempéries do clima, em pouco tempo se tornam feias como as outras. (Cavazzi, 1965, v. I, p.134)

A descrição do missionário italiano ressalta uma das características da cidade africana – com um grau de eurocentrismo inquestionável –, qual seja, a precariedade dos materiais utilizados, ainda que não possa deixar de observar que estes se prestam muito bem às condições térmicas da região "não deixa[ndo] passar o sol nem a chuva". É interessante ainda notar que as moradias são referidas como constituindo um todo uniforme, quando se sabe que as construções das casas dependiam não apenas dos materiais disponíveis, como também da função herárquica de seus moradores.

Se bem que não possa deixar à margem a harmonia da ocupação do espaço ("colocadas com certa simetria"), o padre contrapõe à "barbárie" dos africanos, as providências dos portugueses naquela cidade:

Na dita cidade de S. Salvador construíram os Portugueses, desde o princípio, a Sé e outras igrejas de tijolo e cal. No ano de 1652, o rei mandou edificar mais duas, uma sob o orago de S. Miguel e outra de Santo Antônio de Lisboa. Nos últimos tempos também foi construída a de nosso hospício. Todas são do mesmo material, mas cobertas de grossa palha, conforme o uso da região. O reboco é muito bom e tão diligentemente preparado que a cal adere muito bem, sendo brancas todas as paredes exteriores, de maneira que têm bastante duração. (Cavazzi, 1965, p.135)

Ou seja, ao efêmero das construções africanas, há a busca da perpetuidade, expressa a partir do material e quantidade com que os portugueses ergueram suas igrejas. E aqui é possível identificar uma das características do imaginário colonial, na medida em que o colonizador identifica a si próprio como portador de uma nova ordem definitiva para os territórios conquistados.

Assim, tudo o que não for à imagem e semelhança de seu mundo, é focalizado como inquestionavelmente bárbaro e merecedor da destruição implacável. É dessa forma que as igrejas erguidas pelos portugueses trazem a marca da cal e do reboco de suas construções européias, elemento visto como extremamente positivo em comparação às construções autóctones.

Não se pode esquecer, contudo (ainda que assim o quisesse Cavazzi), o fato de que a capital do Reino do Congo possuía uma organização admirável e um número considerável de moradores, formando realmente uma cidade, ainda que o autor de *Descrição histórica dos três reinos do Congo, Matamba e Angola* fosse capaz apenas de vislumbrar construções "toscas e malfeitas que não podem ser comparadas com os mais míseros casebres da Europa".

As produções culturais da cidade africana

Quando nos referimos às produções da *cidade africana* surge em primeiro lugar a questão da oralidade, já que aí a forma de acumular e transmitir os conhecimentos sobre sua história e os ensinamentos do cotidiano realizam-se a partir da oralidade, tendo espaço fundamental a memória e o papel dos mais velhos. Quanto à forma de comunicação desse conhecimento, a partir de fórmulas rituais ou não, também é imprescindível a fala, que o atualiza e produz no ouvinte um aprendizado sobre si e sua comunidade. Trata-se de uma operação complexa que mobiliza valores e, sobretudo, a crença no poder da palavra, como nos lembra Vansina em um texto sobre a tradição oral:

> Uma sociedade oral reconhece a fala não apenas como um meio de comunicação diária, mas também como um meio de preservação da sabedoria dos ancestrais, venerada no que poderia chamar elocuções-chave, isto é, a tradição oral. A tradição pode ser definida, de fato, como

um testemunho transmitido verbalmente de uma geração para outra. Quase em toda parte, a palavra tem um poder misterioso, pois palavras criam coisas. Isso, pelo menos, é o que prevalece na maioria das civilizações africanas. (...)
A oralidade é uma atitude diante da realidade e não a ausência de uma habilidade. (Vansina, 1982, p.157)

Uma "atitude" frente à realidade e, como tal, implicando respostas diversas aos problemas por ela colocados, a oralidade tece-se a partir dos fios da educação, da arte e das crenças, sendo sob esse aspecto, o hábil tecido que auxilia a continuidade da comunidade.

A respeito, vale também lembrar o que afirma Lourenço do Rosário quando se refere às diferenças entre oralidade e escrita:

(...) nas sociedades de tradição oral, a educação se associa à arte e o ato criativo está em função das preocupações da manutenção e prosperidade do grupo comunitário. Em suma, na oralidade, todos os atos, quer educativos, quer criativos, efetivam-se para preservação do grupo. Nas sociedades de escrita, ao invés, a tendência é cada vez mais a educação guindar-se a um plano preponderante de transmissão dos conhecimentos, deixando à criação um campo mal definido, podendo até chegar a manifestar-se de uma forma contraditória à própria educação. (Rosário, 1989, p.50)

Ou seja, há uma dinâmica especial que as sociedades cujos conhecimentos transmitem-se de forma oral instauram no que tange ao ensino, à conservação e à veiculação de seus valores através das gerações, de tal forma que as narrativas, por exemplo, tornam-se simultaneamente atos de cultura e instrumentos de transmissão de conhecimento.

Interessa ainda salientar, no que tange à oralidade, a importante questão do poder da palavra a que os estudiosos das culturas africanas se referem, pois está aí um elemento importante na visão de mundo dos povos de todo o continente e que se tornou pedra de toque de uma visão da relação oralidade/escrita para certos teóricos e críticos⁴, como, por exemplo, Jahneinz Jahn que afirma no clássico *Muntu: las culturas neo-africanas*:

> O Deus de Israel disse: "Faça-se a Luz", e a luz se fez. Na África, todo *muntu* [ser humano] é capaz desta palavra. Todo *muntu*, ainda que seja o menor dentre eles, em razão da força de sua palavra é senhor de todas as coisas: de animais a plantas, da pedra e do martelo, da lua e dos astros. Se ele dissesse "que o sol caia do céu!", o sol cairia, se não existisse um *muntu* com uma palavra mais poderosa e que não tivesse, de antemão, mandado o sol permanecer no céu. Assim, a força da palavra é diferente de um *muntu* para outro: o nommo de Amma ou Olorum, o bom Deus, é mais potente que a palavra do homem vivente, e o nommo de um orixá mais potente que a de um antepassado. A hierarquia dos bantu (compreendendo todos os "homens", tanto os vivos como os mortos) se estabelece seguindo a ordem da força da palavra. A palavra mesma é força. (Jahn, 1970, p.156)⁵

Trata-se aí, como se pode notar, da tentativa de apreensão uma totalidade do mundo africano a partir do conceito de "nommo", buscando torná-lo operativo no que concerne às "literaturas neo-africanas". A respeito, não se pode negar que o valor de que se re-

---

4   Sobre o modo como foram construídas e são entendidas as categorias intelectuais de oralidade e, em sua esteira, de escrita e de literatura, ver o lúcido ensaio de Ana Mafalda Leite intitulado "Empréstimo da oralidade na produção e crítica literárias africanas". (Leite, 1998)
5   Texto traduzido no corpo do trabalho: El Dios de Israel dijo: "Hagase la luz", y la luz se hizo. En África todo *muntu* es capaz de esta palabra. Todo *muntu*, aún el más pequeño, por la fuerza de su palabra es señor de todas las cosas: de animales y plantas, de la piedra y el martillo, de la luna y los astros. Si él dice "¡que el sol caiga del cielo!", el sol se caería, si no existiera un *muntu* con más poder en su palabra que no hubiera mandado al sol de antemano permanecer en el cielo. Así, la fuerza de la palabra de un muntu es distinta de la de otro: el nommo de Amma u Olorun o Bon Dieu es más potente que la palabra del hombre viviente, y el nommo de un orischa más potente que el de un padre muerto. La jerarquía de los *bantu* (comprende a los "hombres", tanto vivos como muertos) se establece siguiendo el ordem de la fuerza de la palabra. La palabra misma es fuerza.

veste a palavra é importantíssimo em toda a África e ele pode nos dar pistas para a literatura (e muito especialmente para a poesia aí produzida); não podemos esquecer, entretanto, que a oralidade é uma dominante no que se refere às produções culturais do continente não se constituindo, entretanto, em um fenômeno exclusivo.

Talvez o caminho mais interessante seja o que verificar em que medida a literatura encena no corpo do texto a oralidade, ou seja, como se estabelecem estratégias narrativas que buscam apreender nas malhas do escrito peculiaridades dos relatos orais e, muito especialmente, como a tensão entre a expressividade da oralidade e os modelos tecno-formais da escrita se expressa nas produções dos autores africanos contemporâneos.

O maliniano Amadou Hampaté-Bâ em Prefácio ao livro *Amkoullel, o menino fula*, em que conta suas recordações de infância e juventude em um estilo que se aproxima bastante da fluência dos narradores orais, fornece-nos pistas de uma das maneiras como podemos pensar a presença de traços da oralidade na escrita, quando se refere à memória:

> É que a memória das pessoas de minha geração, sobretudo a dos povos de tradição oral, que não podiam apoiar-se na escrita, é de uma fidelidade e de uma precisão prodigiosas. Desde a infância éramos treinados a observar, olhar e escutar com tanta atenção, que todo acontecimento se inscrevia em nossa memória como cera virgem. (...) O relato se faz em sua totalidade, ou não se faz. Nunca nos cansamos de ouvir mais uma vez, e mais outra a mesma história! Para nós a repetição não é um defeito. (Hampaté-Bâ, 2003, p.13)

A questão da *narração* dos acontecimentos buscando sua precisão e da repetição são elementos interessantes para pensarmos como algumas narrativas escritas contemporâneas que buscam tecer o escrito a partir dos fios da oralidade, recorrem a essas características na elaboração dos textos.

Como nos interessa aqui focalizar, sobretudo, as representações de Luanda na escrita, fugiria a nosso objetivo um estudo mais aprofundado sobre as questões da oralidade e dos saberes tradicionais.

Não podemos, entretanto, deixar de nos referir, ainda que brevemente, à oratura, na medida em que ela é elemento incontornável quando nos referimos à produção literária em países africanos. Atendendo a este fato, realizaremos uma breve abordagem sobre o assunto, buscando ressaltar a presença e o papel das produções orais na literatura produzida contemporaneamente em Angola.

A oratura em Angola

Angola, uma realidade pluri-étnica, na medida em que seu território é habitado por uma população composta de nove grandes grupos étnico-lingüísticos, com costumes, línguas e oratura que guardam muitas diferenças[6] possui uma oratura bastante variada.

Dadas as numerosas formas de manifestação que a oratura tradicional angolana assume – a música, a poesia, as narrativas e os provérbios e até os testos ou tampas de panela[7] – optamos por seguir a classificação proposta por Héli Chatelain a propósito dos quimbun-

---

6 Esses grupos são: o *Quicongo* ou *Bakongo* (ocupa Cabinda e o nordeste do país, entre o mar e o rio Cuango), grupo *Quimbundo* (domina uma extensa região entre o mar e o rio Cuango, abrangendo a cidade de Luanda), grupo *Lunda-Quioco* (ocupa extensa área que se estende da fronteira nordeste do país até o sul), grupo *Mbundo* ou *Ovimbundo* (numeroso, domina uma grande região na metade centro-oeste de Angola), grupo *Ganguela* (encontra-se dividido por dois territórios: um na fronteira do leste e outro nos ramais superiores do rio Cubango), grupo *Nhaneca*-Humbe (fixado nos territórios do curso médio do rio Cunene), grupo *Ambó* (fixado em um grande território ao sul do país. Entre seus povos destaca-se o subgrupo Cuanhama), grupo *Herero* (é constituído por criadores de bovinos, nos territórios a sudoeste do país. Os Cuvale são o subgrupo étnico mais conhecido) e grupo *Xindonga* (poucos, encontram-se no ângulo sudoeste de Angola entre Cubango e Cuando. Os Mucussos são o subgrupo mais importante). (Dados retirados de Palanque, 1995).
7 Para José Martins Vaz (1969, I v., p.9), os testos de panela são "cartas, bilhetes esculpidos, portadores de mensagem traduzíveis em provérbios (...)".

do, a qual, deve-se frisar, não colide com a de outros estudiosos[8] como, por exemplo, Óscar Ribas (1964).

Dessa maneira, pode-se afirmar que as manifestações culturais orais angolanas classificam-se em seis classes principais:

> a primeira delas inclui todas as estórias tradicionais de ficção, inclusive aquelas em que os protagonistas são animais. Segundo Chatelain, elas [devem conter algo de maravilhoso, de sobrenatural. Quando personificamos animais, as fábulas pertencem a esta classe, sendo estas histórias, no falar nativo, chamadas de **MI-SOSSO**. Começam e findam sempre por uma fórmula especial. (Chatelain, 1964, p.102)]

A forma especial de intróito dessas narrativas se dá graças a uma utilização idiomática do verbo *ku-ta*, que significa "contar", "falar", "expor". Uma tradução do uso específico desse verbo nas narrativas tradicionais equivaleria aproximadamente a "por uma estória". Esse uso se observa quando o contador dá início à narrativa com:

"Vou por uma estória". A que o auditório prontamente responde: "Venha ela" ("Diize").

Já com relação ao fecho das narrativas tradicionais, é Óscar Ribas quem informa:

> No encerramento, diz-se: 'Já expus (Ngateletele) a minha historiazinha. Se é bonita, se é feia, vocês é que sabem.' Quando a história é pequena, finaliza-se: "Uma criança não põe uma história comprida, senão nasce-lhe um rabo!" (Ribas, 1964, p.28).

Referindo-se aos temas e personagens do mi-sosso (ou misosso), o mesmo autor ainda diz o seguinte sobre as personagens e ações dos contos tradicionais angolanos:

---

8 Ver, a respeito, a exaustiva bibliografia citada e comentada por Oliveira. (2000, v. 1, p.94)

Os contos, ordinariamente, refletem aspectos da vida real. Neles figuram as mais variadas personagens: homens, animais, monstros, divindades, almas. Se, por vezes, a ação decorre entre elementos da mesma espécie, outras, no entanto, desenrolam-se misteriosamente, numa participação de seres diferentes. (Ribas, 1964, p.30)

Nos mi-sosso os animais, assim como os homens, revestem-se de dignidade própria e são dotados do dom da fala. Entre si tratam-se de forma cortês e ordinariamente suas relações pautam-se não pela escala de hierarquia social, mas tão-somente da familiar. Quando em sociedade, o valor individual reside na corpulência e, por conseguinte na força, constituindo, aparentemente, a inteligência e a astúcia, predicados secundários. Ocorre, entretanto, que via de regra, tal como acontece entre os homens, um animal pequeno, valendo-se de sua esperteza, vence o de porte superior e, assim, pode-se verificar que grande parte dos mi-sosso acaba por enaltecer a astúcia, em detrimento da força bruta. Dentre os animais destacam-se:

- o *mbewu* (cágado ou tartaruga) que normalmente é apresentado como juiz inteligente e sagaz e cuja longevidade lembra a sabedoria dos mais-velhos;
- *kandimba* (a lebre ou coelho selvagem) – é também juiz, mas não raro foge às conseqüências, ou seja, dá sua opinião, decide, mas não implementa as decisões, preferindo esconder-se;
- *njamba* (o elefante) – apresenta-se como representante da força bruta, de modo na sua representação a força física sobreleva a inteligência;
- *nguli, hosi ou ndumba* (leão) – assim como o elefante, é representante da força e da ferocidade. É, no entanto, representado como facilmente enganável por um animal mais astuto.

Os mi-sosso, também, podem ter como personagens os monstros, antropófagos quase sempre, dentre os quais se destacam:
- os *quinzáris* que possuem corpo de fera (onça ou pantera), mas com pés humanos – metamorfose obtida por magia concedida para o efeito. "Homem-fera. Palavra formada a partir do quimbundo: *kuzuma* (dilacerar) + *kûria* (comer)" (Ribas, 1997, p.249);

- os *diquíxis* que apresentam aparência humana, mas possuem cabeças que se reproduzem quando decepadas "limitadamente, segundos uns; ou com muitas cabeças simultaneamente, em número variável, segundo outros". Ainda que tenham forma humana, esses antropófagos vivem isolados do homem. "Este estado também pode ser obtido por magia, por um tempo determinado (...)". "A origem do vocábulo diquixi remontaria ao quimbundo *kuxiba* (sorver)". (Ribas, 1997, p.82)

A segunda classe das categorias da oratura angolana é a das
- *MAKA* – que compreenderiam as histórias verdadeiras ou reputadas como tal. "Embora servindo também de distração estas histórias têm um fim instrutivo e útil, sendo como que uma preparação para futuras emergências", informa-nos o autor de *Contos populares de Angola*. (Chatelain, 1964, p.102)

Com relação à terceira categoria da oratura angolana, temos
- *MA-LUNDA* ou *MI-SENDU* – São estórias especiais, já que são transmitidas apenas pelos mais velhos (especialmente os chefes), pois se constituem nas verdadeiras crônicas históricas. "São geralmente consideradas segredos de estado e os plebeus apenas conhecem pequenos trechos do sagrado tesouro das classes dominantes". (Chatelain, 1974, p.102)

Na quarta categoria estão os
- *JI-SABU* – provérbios, em que avulta a concisão. São largamente usados na fala cotidiana: "para prova das afirmações que se fazem ao correr de um discurso, para decisão final, numa troca de impressões, a fim de destacar a idéia-mestra do diálogo; para conclusão de julgamentos (...)". (Valente, 1973, p.xi)

A quinta categoria abrange
- a poesia e a música, quase que inseparáveis: Em regra, a poesia é cantada, e a música vocal é raramente expressa em palavras. "(...) Na poesia quimbunda existem poucos sinais de rima, mas mui-

tos de aliteração, ritmo e paralelismo" (Chatelain, p.102). Essas produções são chamadas de *MI-IMBU*.

- A sexta e última categoria é formada pelas adivinhas, chamadas *JI-NONGONONGO*[9] – Têm como função principal exercitar o pensamento e a memória. "Como noutras parte do mundo, também possuem em Angola, as suas frases pragmáticas de iniciação. Palavra do quimbundo *kunyongojoka*: voltear, torcer" (Ribas, 1997, p.215).

No domínio do contar, a gestualidade, a música e a participação dos ouvintes é fundamental e, sob esse particular, aí residiria a maior dificuldade de apreender pela escrita o universo da oralidade. A respeito, vale citar Estermann, que descreve uma "contação" de estória de forma bastante precisa:

> Se o conto popular tirado do seu ambiente natural, que é o de ser contado e ouvido, perde muito de sua espontaneidade e frescura, isto é duplamente verdade quando se trata do conto africano (...) Para narrar um conto, destaca-se um indivíduo que, em geral, fica em pé. Pouco a pouco ele vai-se animando, modula a voz segundo os vários atores que intervêm na recitação, intercala interjeições (...). Gesticula não só com os braços, mas, conforme as exigências da narrativa, com o corpo todo. O auditório toma parte ativa (...). Manifesta de onde a onde ruidosamente aprovação ou desaprovação, sublinha as partes hilariantes com risos estrepitosos e reage entendidamente às frases sarcásticas. (Estermann, 1983, v. 2, p.283-4)

Repensando a oratura

Conforme já afirmamos, a oralidade, uma maneira de apreensão, expressão e produção de conhecimentos, mobiliza saberes bas-

---

9 A respeito, remetemos a *O livro das adivinhas angolanas*, de Américo Correia de Oliveira (2001) que congrega mais de mil adivinhas divididas a partir de temas: Fauna, Flora, Mundo, Geografia, Objetos, Corpo humano, Alimentação, Pessoas, Miscelânea, Impossíveis e Filosofia de vida.

tante complexos, estando vinculada profundamente às comunidades a que pertence. Sob esse aspecto, cremos que a questão da Oratura pode ser pensada adequadamente quando a examinamos à luz do complexo colonial de vida e pensamento, já que as manifestações culturais tradicionais que chegaram até nós vêm filtradas por séculos de presença européia no território angolano (ainda que ela não tenha sido abrangente) e, portanto, considerá-las a "pura expressão" popular ou a expressão de uma "idade do ouro" seria, no mínimo, escamotear a história.

Assim sendo, talvez uma fórmula adequada seja verificar a tensão que se estabelece entre a Oratura e a Escrita nas produções literárias de Angola, principalmente no período de formação de seu sistema literário. Sob esse particular, não se pode deixar à margem que o repertório da cultura tradicional angolana tornou-se também uma das pedras de toque da literatura contemporânea do país, como uma das formas de revitalização da escrita. Isso advém de uma postura do sujeito da enunciação que, não raro, se coloca na perspectiva de um *griot* da atualidade. Desse modo, a atemporalidade dos provérbios e de algumas lendas tradicionais torna-se um marco do presente da enunciação sob o impulso de tensões e conflitos da situação colonial veiculada nos contos e romances contemporâneos.

Sob esse aspecto, verifica-se nessa literatura uma luta incessante por estabelecer uma forma própria de expressão, já que a mesma se defronta com duas forças: por um lado, o não poder vincular-se de maneira ingênua à Oratura dos contadores tradicionais, já que os produtores letrados têm consciência do processo colonial e as marcas deixadas por ele, fato esse aliado à consciência de que a semiose que preside a escrita é bastante diversa daquela do relato oral, conforme constata de maneira arguta o escritor angolano Manuel Rui:

> Eu sou poeta, escritor, literato. Da oratura à minha escrita quase só me resta o vocabular, signo a signo em busca do som, do ritmo que procuro traduzir numa outra língua. E mesmo que registre o texto oral para estruturas diferentes – as da escrita – a partir do momento em que o escreva e procure difundi-lo por esse registro, quase assumo a morte do

que foi oral: a oratura sem griô, sem a árvore sob a qual a estória foi contada; sem a gastronomia que condiciona a estória; sem a fogueira que aquece a estória, o rito, o ritual. (Rui, 1981, p.29-30)

Por outro lado, os escritores não poderiam também se realizar na aceitação plena dos modelos tecno-formais do colonizador, pois isso seria negar a especificidade nacional, já que foi no processo de recusa sistemática de mitos, imagens e modelos impostos pelo colonizador que a literatura angolana se afirmou.

É, portanto, do impasse criado entre uma tradição que fora submetida ao silêncio pelo colonialismo – e necessitava, pois, ser retomada em novas bases, com novas falas – e a recusa de uma tradição imposta pelo colonizador, que essa literatura construiu sua continuidade: em meio às adversidades, sob o signo da busca, na luta pela construção da independência (do país e de si própria).

Vale aqui lembrar as palavras de Laura Padilha que trilham a mesma vereda que agora seguimos:

> O movimento de revitalização, pela escrita, de normas e procedimentos estéticos da oralidade acirra-se quando a cultura toma consciência de seu hibridismo e busca formas de superá-lo; quando os imaginários artísticos percebem que se faz necessário subverter o discurso pelo qual possam falar Angola e seu povo. (Padilha, 1995, p.170)

Ou seja, no momento em que há consciência de construção de um novo momento no qual o colonizado torna-se o sujeito de sua própria história, a cultura toma novos rumos e um deles é buscar na oralidade as formas de superação dos impasses. Para tal, expõe no corpo dos textos a matéria híbrida de que se constitui e, então, a fala torna-se escrita. E a escrita, a fala ritualizada no papel.

Oratura e oralidade

Várias são as maneiras que a literatura angolana tem encontrado para fazer "falar Angola e seu povo" e presentificar na trama dos textos os impasses que enfrenta, na medida em que não os tem evitado, mas antes, apresentado as fissuras de um sistema literário recente e pujante, mas ao qual numerosos desafios se colocam. Seus autores, sob perspectivas e técnicas diversificadas têm buscado formas criativas de fazer confluir oral e escrito, procurando novas formas em que o *dizer* se manifeste no *escrito*.

A esse respeito, Ana Mafalda Leite apresenta alguns pontos para reflexão bastante interessantes. Destacamos o que se refere às diversas formas com que a oralidade poderia ser incorporada ao texto escrito:

(...) haverá talvez que distinguir três tipos de apropriação: o primeiro, o mais freqüente, tanto na literatura angolana como na moçambicana, a tendência para seguir uma norma mais ou menos padronizada (como o caso de Pepetela ou Luís Bernardo Honwana) ou então "oralizar" a língua portuguesa, seguindo registros bastante diversificados entre si (por exemplo, o caso de Boaventura Cardoso, Manuel Rui ou Ungulani Ba Ka Khosa).

O segundo tende a "hibridizá-la" através da recriação sintática e lexical e de recombinações lingüísticas, provenientes, por vezes, mas nem sempre, de mais do que uma língua (os casos de Luandino Vieira ou de Mia Couto).

O terceiro, menos freqüente, e utilizado apenas por escritores bilíngües, cujo contato com a ruralidade é mais íntimo e próximo, institui uma relação de diálogo, criando uma espécie de "interseccionismo" lingüístico, em que prolongamentos de frases ou partes de frases, se continuam em diferentes línguas, alternando ou imprimindo ritmos diversificados, assim como fazendo irromper, recuperadas, diferentes cosmovisões. (...) (como é o caso de Uanhenga Xitu e, diferentemente, de Fernando Fonseca Santos). (Leite, 1998, p.35-6)

Como se pode depreender da citação acima, o leque de autores aos quais Ana Mafalda se refere a partir de seu modelo em que ocorre a apropriação da oralidade é bastante amplo e abarca desde os textos de Boaventura Cardoso (que se aproximaria mais de uma forma de elaboração lingüística levada a efeito por Luandino Vieira, por exemplo) até os de Manuel Rui, que trabalha a partir do registro das ruas de Luanda na maior parte de suas narrativas.

A questão é tão mais instigante na medida em que no caso dos textos de autores como Luandino Vieira e Manuel Rui, para citar dois exemplos, a oralidade é matéria-prima constitutiva de sua ficção. Ocorre, no entanto, que os caminhos escolhidos pelos dois autores são bastante diversos, já que o primeiro deles tem em mira a recriação de espaços e tempos de um antigamente, realizando uma elaboração estética do relato a que comparece a erudição, conforme bem aponta Maria Aparecida Santilli:

> Instaurar este novo no velho, pressupõe, em Luandino, uma sabedoria, um domínio dos diferentes registros lingüísticos, em vertentes de muitos tempos. Sediado num ponto de intersecção do que foi a língua padrão, e o que está sendo e será pela passagem seu cadinho de criatividade. (Santilli, 2003, p.59)

Já Manuel Rui trabalha suas estórias a partir da matéria do presente, acompanhando as potencialidades da língua portuguesa falada hoje nas ruas e becos de Luanda.

Como se pode verificar, são maneiras diversas de trabalho artístico que demandam por parte do crítico literário uma atenção suplementar, já que se trata, inicialmente, de tentar discernir o que é criação verbal e o que se trata apenas de registro da variante do português de Angola.

Cremos que Benjamin Abdala Júnior equaciona de forma bastante produtiva a questão ao tratar da escrita de Boaventura Cardoso:

> O novo conto angolano possui raízes diferentes. As estruturas provenientes da oratura, atualizadas nos musseques, perdem a ótica de articulação tradicionalista. E, para o escritor inovador, figuram, por sua vez, como matéria referencial a ser apropriada por uma forma de imaginação participante que constitui uma imagem-ação política. Esta não tem em vista o registro do que *já não é*, mas do que *deve ser* – uma projeção do devir na escrita do presente, por sobre a matéria referencial que ela apontar. (Abdala Jr., 2003, p.250)

É interessante notar como a questão dos gêneros articula-se à da oratura, na medida em que a apropriação do oral pelo escrito se realiza com mais ênfase em alguns deles e pode nos dar pistas importantes sobre a forma como essa apropriação é operacionalizada[10], ou nas palavras de Benjamin Abdala Júnior, como se realiza a projeção do devir na escrita do presente a partir do passado tradicional e comum das etnias angolanas.

A literatura para crianças e jovens e a oratura

Dentre as vertentes da literatura angolana contemporânea aquela em que talvez melhor se possa aquilatar a presença da oratura é a da literatura realizada para crianças e jovens e que já conta com um número apreciável de livros e excelentes autores.

À guisa de curiosidade, lembre-se de que um dos textos considerado precursor da moderna literatura infanto-juvenil angolana, *As aventuras de Ngunga* (escrito e publicado em cópias mimeografadas no ano de 1973), de Pepetela, nasceu como uma espécie de texto paradidático, na medida em que era dirigido a jovens e adultos recém-alfabetizados em português nas bases do MPLA. A linguagem simples e o caráter quase mítico do protagonista, sem dúvida, propiciou que esse texto de Pepetela fosse classificado como literatura infanto-juvenil, ainda que não tivesse sido redigido para esse fim.

E já que nos referimos aos primeiros textos da literatura para crianças e jovens no período pós-independência, dois registros merecem ser feitos: a narrativa *A caixa* (1977), de Manuel Rui, primeiro livro infanto-juvenil publicado na Angola independente e que focaliza personagens infantis em suas brincadeiras e no difícil cotidiano dos primeiros anos da jovem nação, e o livro *E nas florestas os bichos falaram...*, de Maria Eugenia Neto, publicado também em

---

10 Aqui lembramos particularmente o livro de Rita Chaves intitulado *A formação do romance angolano*, citado na bibliografia final.

1977 e que trata, a partir da estrutura das fábulas, os feitos e fatos da guerrilha angolana.

Vale ressaltar que após a independência do país, houve uma preocupação dos órgãos de cultura do governo em incentivar a chamada literatura infanto-juvenil, buscando formar hábitos de leitura entre o publico mais jovem. As iniciativas foram variadas e, dentre elas, podemos citar a Coleção Pio-Piô, lançada em 1982 pelo Instituto Nacional do Livro e do Disco (Inald)[11], a publicação da página *1 de Dezembro*, do *Jornal de Angola*, ou ainda a coleção "Acácia rubra", da União dos Escritores Angolanos voltada especialmente para os livros infantis e juvenis[12], assim com a criação de Jardins de Leitura em várias províncias e a realização de programas na Rádio Nacional, dentre os quais destacamos o "Rádio Piô", dirigido inicialmente pelo escritor Octaviano Correia.

Essas iniciativas resultaram em uma das mais interessantes literaturas para crianças realizadas nos países africanos de língua oficial portuguesa.

Vários são os temas desenvolvidos por essa literatura: a guerra de libertação e a guerra em que se viu mergulhado o país após a independência, as tradições angolanas ou a ecologia, dentre outros. Merece relevo, todavia, o reaproveitamento realizado dos contos e lendas tradicionais e orais dos grupos etno-lingüísticos do país.

Lembre-se, a respeito, que durante o longo período do colonialismo português, essas histórias – contadas nos povoados do interior à beira das fogueiras ou em saraus nos bairros pobres das cidades – tiveram um caráter marcado de resistência e preserva-

---

11 Lembre-se de que anualmente o Inald organiza o Prêmio Literário Infantil "16 de junho" que "visa a incentivar a criatividade e produtividade dos escritores dedicados ao ramo da literatura infanto-juvenil".
12 Os cinco primeiros volumes da coleção, lançados quase simultaneamente no ano de 1988, com uma tiragem de 20 mil exemplares cada um, foram: *Um poema e sete estórias de Luanda e do Bengo*, de José Alves, *Era uma vez... que eu não conto outra vez*, de Octaviano Correia, *Estórias velhas, roupa nova*, de Gabriela Antunes, *Fá...pe...láaa!!!*, de Maria de Jesus Haller e *No país de brincaria*, de Dario de Melo.

ção da cultura do colonizado, já que remetiam às manifestações culturais dos africanos que os colonizadores insistiam em classificar como barbárie e tentaram rasurar. Com a independência, os autores angolanos tomaram a si a tarefa de re-contar essas narrativas, como forma de fazer presente o que por tanto tempo o colonialismo tentara abafar, ao mesmo tempo em que ensinavam às novas gerações os caminhos da tradição. Temos, destarte, um bom número de livros cujo tema principal são as lendas e narrativas tradicionais, destacando-se aqueles que buscam atualizar os relatos, recriando-os.

Essa tendência temática não cessa, todavia, após os primeiros anos da independência. Ao contrário, continua a percorrer a senda da literatura produzida para crianças e jovens mesmo passados 30 anos após o 11 de novembro de 1975, como o demonstram alguns lançamentos recentes como, por exemplo, *O leão e a lebre* (2004), de Amélia Mingas. Neste conto, com 18 páginas abundantemente ilustradas, é retomada a mesma perspectiva das narrativas tradicionais em que a sagacidade da lebre é capaz de vencer a força bruta do leão. Há, no entanto, uma inovação editorial digna de nota: o texto é apresentado em línguas nacionais de Angola, não em edição bilíngüe, mas sim em livros separados, com as mesmas ilustrações, tendo o volume em língua quimbundo o título *Hoji ni Kabulu* (2004) e o em língua cokwe *Ndumba nyi Mbalu* (2004).

Voltemos, todavia, aos primeiros anos após a independência. As duas séries de histórias intituladas "Contos tradicionais da nossa terra", de Raul David, publicadas em 1979 (I) e 1982 (II) são bons exemplos dos textos produzidos naquele momento. Ainda que não sejam voltadas especialmente ao público jovem, inscrevem-se no movimento que acima indicamos de recuperação da tradição e podem ser chamadas à cena na medida em que presentificam na escrita a tradição oral do povo umbundo cuja língua o autor dominava. As oito estórias dos dois volumes são missosso de animais com forte apelo pedagógico e exploram sobretudo a astúcia das personagens (candimbas, cágados, a formiga) em livrarem-se de situações de perigo a partir de uma linguagem em que a plasticidade dá a nota dominante. Veja-se o início de "O Candimba e o Gato Bravo":

> O Candimba passava a vida a saltar cercados para roubar comida nas lavras e por causa disso era sempre perseguido pelas pessoas e pelos cães. Raro era o dia em que se não ouvissem gritos de "kwata, Kandimba yo" (agarra que aí vai o Candimba)! (David, 1979, p.9)

É notável como o ritmo, fundamental no contar tradicional, é aqui obtido pela alternância entre a aliteração de sibilantes, da alveolar (r) e da oclusiva bilabial (p), procurando mimetizar a rapidez dos saltos do coelho.

Já dentre os textos dedicados especialmente às crianças, é imprescindível citar o excelente *Estórias velhas roupa nova* da escritora Gabriela Antunes (1988), composto por quatro histórias, das quais destacamos "A abelha e o pássaro", baseada em um conto etiológico, o qual procura explicar a incompatibilidade entre abelhas e os pássaros denominados Abelheiros. O que desde o início chama a atenção é o domínio da técnica narrativa da autora, que realiza uma atualização do relato tradicional de forma a inseri-lo no cotidiano de seu leitor. A título de exemplo, vale citar o seguinte trecho:

> Não que a abelha queira a flor para pôr no cabelo como muita menina bonita e vaidosa que eu conheço por aí... não que a abelha queira a flor para pôr numa jarra, num pote ou numa cesta para enfeitar a casa... Nada disso, meus lindos, a abelha precisa da flor para se alimentar... dar vida a uma nova abelha... ajudar a flor a dar origem a outra flor... (Antunes, 1988, p.3-4)

No texto citado o narrador dirige-se a seu público e, a partir da reiteração ("não que a abelha queira"), busca retomar no texto escrito a oralidade. Ou seja, não apenas o tema, mas também a estrutura do relato remete à recuperação do universo da oratura.

Esse movimento, segundo entendemos, retoma a tradição vinculando-se às lendas dos grupos etno-lingüísticos angolanos, sem contudo fazer qualquer concessão ao exotismo.

Um outro texto do volume, "A noiva do rei", fala-nos da tradição quando focaliza

> uma estória de amor passada no antigamente lá na região do Dilolo, tão antigamente que ainda era no tempo em que havia reis por toda a parte. E este rei – jovem, belo, corajoso – era querido e amado por todo o povo. (Antunes, 1988, p.15)

Trata-se aqui de um missosso em que a astúcia feminina é exaltada, não apenas por meio dos vários estratagemas de que uma moça lança mão para conquistar o jovem rei protagonista da história, mas principalmente por meio de uma espécie de refrão repetido várias vezes na narrativa – "Mas Iala não conhecia a astúcia de uma mulher apaixonada". Aqui a sagacidade feminina é focalizada de forma positiva, o que nem sempre ocorre nos missosso tradicionais em que não raro as mulheres são apresentadas como criaturas teimosas e capazes de grandes traições e males.

Na mesma senda de revisitação e aproveitamento da matéria tradicional, deve-se ainda fazer menção a alguns dos livros do escritor Dario de Melo, entre os quais destacamos: *Queres ouvir?* (Melo, 1988) e *Vou contar* (Melo, 1988) que recriam histórias tradicionais como, por exemplo, "O curandeiro e os sapos", conto etiológico em que o coaxar dos sapos é explicado a partir da enorme vontade de falar dos batráquios, que não conseguem seguir instruções de um feiticeiro. Ou então o livro *Estórias do leão velho* (Melo, 1985) composto por textos dramatizados e cuja epígrafe, segundo entendemos, dispensa comentários:

> Velhas estórias
> (quase)
> em busca
> de uma "moral" nova
> ou
> ao encontro de uma moral nossa

Para finalizar essa breve amostragem de histórias voltadas para o público infanto-juvenil que atualizam a oratura, cremos que merece destaque *A Kianda e o barquinho de Fuxi*[13] (Lima, 2002), de Cremilda Lima. Nesse texto, cuja ação transcorre na Ilha de Luanda, e no qual um mais-velho, "o avô, pescador de cabelos brancos, olhos de quem viu e sabe tanta coisa do mar" (Lima, 2002, p.8) conta a seu neto a origem de uma festa popular, temos a presença da mais ilustre moradora de Luanda, a Kianda (sobre quem falaremos mais à frente):

> Com o regresso do velho Chico, vovó Tacha ficou tão feliz que juntou toda a família e fez uma grande festa, onde não faltou o bom feijão de óleo de palma com mufete, farinha fina e canjica.
> Quanto ao MAR... Esse, de manhãzinha acordou calmo, a calema já tinha passado.
> E os pescadores ao verem o MAR assim, pensavam que tinham conseguido acalmar a Kianda.
> Então, todos os anos fazem uma festa do MAR em sua homenagem. (Lima, 2002, p.12)

Veja-se como ao lado da indicação de como teria surgido a festa, há ainda a lenda, a presença da família alargada e dos pratos típicos da culinária local (feijão de óleo de palma e peixe assado preparado diretamente na brasa, juntamente com a canjica, ou seja, feijão e milho triturado, cozidos com óleo de palma), reforçando a presença da tradição angolana. Trata-se de um texto em que a transmissão de conhecimentos se realiza não apenas na história contada por um mais-velho a uma criança (e do narrador a seus leitores), mas também em todo um complexo que abrange o mundo tradicional dos axiluanda. Dessa maneira, a tradição e a oratura do povo morador da Ilha de Luanda são apresentadas aos jovens leitores do texto. A respeito, a dedicatória do volume é bastante elucidativa:

---

13 Segundo a autora, "A Kianda é sereia, *fuxi* é o filho que nasce a seguir aos *gingongos*, ou seja, os gêmeos".

Com todo o amor e carinho
Dedico esta estória
A todas as crianças angolanas
Para que conheçam
As nossas tradições
As nossas raízes culturais

A especificidade nacional, como se pode depreender, é o traço que articula a estória de Cremilda Lima, assim como um texto intitulado "A viagem maravihosa", de Maria Celestina Fernandes, presente no volume *A filha do soba* em que a protagonista, Henda, a partir das aulas de geografia e da imaginação empreende uma viagem de integração nacional ao território angolano.

E como falamos aqui especialmente de temas, deve-se aludir que as dificuldades enfrentadas cotidianamente pelas crianças também constituem matéria da literatura infanto-juvenil, conforme se pode verificar a partir de títulos como *A escola e a dona lata*, de Maria João que focaliza uma lata que serve de banco em uma escola desprovida de móveis.

A mescla entre as histórias tradicionais e o maravilhoso ocidental também não se ausenta do universo das histórias infantis que aqui brevemente focalizamos, como se pode aquilatar por títulos como *Contos verdadeiramente infantis*, de Antero Abreu, cujo penúltimo conto, "Unicórnios, bicórnios e pacaças" traça uma curiosa gênese para a pacaça. Deste volume, entretanto, gostaríamos de dar relevo aos dois poemas do livro ("As bruxas" e "Cantiga de roda"), na medida em que a poesia para crianças é um gênero muito pouco trabalhado na literatura angolana. Nesse sentido, merece destaque também o *Lenda das asas e da menina mestiça-flor*, de Maria Eugenia Neto na medida em que a menina mestiça do título cria-se a partir do texto em verso:

O Sol deu a cor./O Sol deu a luz./O Sol permitiu a mistura dos raios de luz./E num turbilhão de cor/e de amor/ apareceu a mais linda flor/ cujo nome lhe damos:/Mestiça-flor (Neto,1981, p.43).

Por último, vale citar uma narrativa escrita para jovens e que, do ângulo em que nos colocamos, pode ser considerada paradigmática pois quer pela qualidade de sua escrita, quer pela exemplaridade de sua temática, *Quitubo, a terra do arco-íris* (1990), de Dario de Melo, é presença obrigatória na literatura infanto-juvenil angolana de excelente qualidade.

Alguns temas a que nos reportamos anteriormente estão presentes logo ao início da narrativa, segundo se observa em seus dois parágrafos iniciais que transcrevemos:

> Primeiro, os aviões vinham de lá. As bombas, de todo lado. De lá (do lado dos aviões) viera ele também. Fugindo. Arrecuando com o Povo. O pai, a mãe, tinham ficado. Faz tempo. A morte lhes atrasou.
> Agora, a guerra vinha a voar e a bombas a cair. Aplacou no terreno. O mais longe da sanzala que a fugir conseguiu. E enquanto a guerra voando caía com as suas bombas, o que o menino pensava era na estória que tinha. Contada estória que um dia lhe contaram, do Caminho do Quitubo. E p'ra lá que estava a ir... (Melo, 1990, p.5)

Como se depreende da citação, a guerra – por meio das bombas e da morte – serve como moldura e móvel às ações das personagens. Ao mesmo tempo, a focalização, ao privilegiar os pensamentos e ações do órfão de guerra que busca a felicidade e a terra do arco-íris onde a encontraria, desenha de forma magnífica a personagem. Mas, da perspectiva que adotamos, o destaque é a narrativa que mantém alerta e viva a criança: a história da terra do Quitubo, "contada estória que um dia lhe contaram".

Assim, o menino Pululo – que em suas deambulações torna-se Paulo – acredita na história que ouviu, a "contada estória que um dia lhe contaram" (Melo, 1990, p.5) sobre Quitubo, a terra do Arco-íris, onde a felicidade, os encontros e a paz são possíveis. A longa marcha que faz com sua irmã Lukeni, fugindo da destruição, até encontrar os soldados das Fapla, torna-o adulto prematuramente e uma personagem exemplar, na medida em que trilha a mesma rota de fuga de muitos órfãos de guerra no território angolano.

Interessante é ainda notar como se resolve a questão da presença do exército na narrativa, pois Paulo foge da companhia dos soldados e do alojamento da Cruz Vermelha para procurar Quitubo, onde acharia a paz e uma família que o abrigaria. Realmente as encontra em uma casa de Luanda, onde mora Júlia, que acaba por adotar as crianças. Ocorre que a nova mãe é... capitão das Fapla. Ou seja, em última instância o exército é o lar com que sonhava o órfão e a cidade de Luanda é seu destino final!

Por outro lado, não podemos nos esquecer do papel que joga a tradição – sobretudo as lendas pertencentes à oratura (com o motivo da "contada história" do Quitubo) – de manter acesa a esperança em meio à destruição provocada pela guerra. Assim, toda a estória se tece na busca de uma terra de fartura e de paz que se inicia quando o protagonista passa a acreditar na lenda que um dia lhe contaram sobre Quitubo[14]. Cremos que é a forte presença desse traço que enforma a linguagem do texto, a qual procura se aproximar de seus leitores tecendo-se a partir de períodos curtos e de um vocabulário bastante próximo do nível coloquial da língua portuguesa em sua variante utilizada em Angola:

 Já estava a noite caída e a velha ouviu chorar. Veio ver. Uma criança. Falou-lhe na língua dela e ele não entendeu. Repetiu em português:
 – É quê então, meu filho? Porque é que estás a chorar?
 O menino respondeu entre os soluços que tinha.
 – Foi embora. Se fugiu.
 – Quem, afinal que fugiu?
 – Arco-Íris, avó. Que me ensina o caminho. (Melo, 1990, p.65)

A história, comovente e que articula a temática da guerra com os sonhos de paz e o papel que as narrativas podem jogar na integração

---

14 Dario de Melo afirma em entrevista à UEA: É, também, um livro que trata da criança no quadro de um conflito. Eu considero que não é propriamente uma estória de guerra, mas uma estória de paz. É também baseado numa estória tradicional, salvo o erro kikongo, que diz que as crianças que não têm pais, que os pais morreram, se chegarem ao princípio do Arco-íris, lá encontram uma sanzala chamada Quitubo, e ali vão lhes dar os pais novos.

de um país destroçado é um dos melhores exemplos da boa literatura para crianças e jovens realizada hoje em Angola a partir da utilização da oratura e da apropriação da oralidade.

Segundo entendemos, é na dialética entre o escrito e a recuperação de traços do oral (para utilizarmos aqui uma expressão de Édouard Glissant) que a literatura angolana contemporânea constrói seu caminho: trilhando numerosas veredas, na diversidade de respostas a questões impostas pela construção da nação, constitui-se em uma das mais pujantes manifestações culturais da África Austral.

Ao longo desse capítulo, buscamos mostrar algumas facetas da produção da "cidade africana", procurando dar ênfase às realizações artísticas que a oralidade – uma outra forma de transmissão de conhecimentos não baseada na escrita – engendra. Atendendo, contudo, ao objetivo deste trabalho, procuramos também examinar algumas questões atinentes à apropriação da oratura pela literatura angolana contemporânea, já que a escrita de Luanda é plena de falas e tradição, como veremos.

Sob esse particular, deve-se enfatizar ainda que, dentre as histórias aqui citadas, grande parte delas – e da literatura dedicada a crianças e jovens, ainda que se refira às tradições, tem como cenário privilegiado a cidade de Luanda, reiterando o que afirmávamos quanto ao imaginário que a cidade mobiliza quer para os autores, quer para o público de todas as idades.

3
A CIDADE PORTUGUESA NO ALÉM-MAR

O mar foi, sem dúvida, a estrada líquida pela qual Portugal avançou rumo à aquisição de um espaço privilegiado entre as nações européias no século XV, na medida em que os caminhos abertos pelas caravelas – repletas de sonhos de "dilatar a Fé e o Império" – acabaram por se transformar em rotas de conquista, expandindo os horizontes europeus por novos portos, novas terras.

A realização dos sonhos concebidos na corte e gestados a bordo das frágeis naus portuguesas, no entanto, somente ocorrerá efetivamente quando da instalação do homem europeu na nova terra, por meio da fundação das cidades-portos: elas que colocarão o território conquistado na dependência dos interesses da metrópole, transformando-os em posse portuguesa, em espaço inscrito na cultura ocidental, submetido à Lei, à Ordem, à Língua e ao Deus do colonizador.

Será, portanto, no processo de instalação e paulatino desenvolvimento dessas cidades que se materializará a conquista – sobretudo por meio do comércio com a metrópole, mas também a partir do traçado de suas ruas e das produções letradas ali realizadas.

Dessa forma, se os documentos escritos nos relatam os fatos e feitos da história da cidade, sua geografia também nos fala das intenções e ocupações do colonizador. A respeito, vale lembrar as palavras de Bicalho sobre as cidades portuguesas no além-mar:

Igualmente revelador é o fato de que as cidades lusas no ultramar seguiram de perto o modelo daquelas já existentes na mãe-pátria. Reproduziram-nas, em certo sentido, na sua configuração espacial e na escolha de sítios mais apropriados para a sua fundação. É assim que veremos se repetir em Goa, São Paulo de Luanda, Salvador ou Rio de Janeiro a mesma conformação acidentada e ribeirinha de Lisboa ou do Porto, cravadas nos morros e outeiros, com suas fortalezas, palácios, igrejas, ermidas, mosteiros, colégios, hospitais, além de suas praças, mercados, trapiches, armazéns e o vasto casario voltados para uma baía ou um estuário, centro nevrálgico do comércio, assim como da defesa. (Bicalho, 2003, p.169)

O esforço de espelhamento e total ocupação da terra descoberta, todavia, não logra pleno êxito imediatamente, já que cercada pela natureza desconhecida e por homens hostis, a cidade-porto acaba por confinar-se entre fortificações e o mar, reduzindo-se a um exíguo território sem que, no entanto, cesse sua luta em buscar "entre gente remota", dilatar o Reino e a "Civilização". É dessa forma que a cidade será identificada, para além de seu topônimo, como uma "cidade portuguesa no além-mar", de tal maneira que a origem ("portuguesa") ratifica-se, ao mesmo tempo em que o porto de chegada como que inexiste, pois ele se denomina apenas "além-mar".

Luanda, cidade "portuguesa com certeza"?

A existência de uma cidade africana no espaço em que hoje se ergue à cidade de Luanda é de certa forma controversa, na medida em que a documentação a que até o momento se tem acesso refere-se sobretudo à Ilha de Luanda, na qual primeiramente os portugueses se instalaram e onde

> o Rei do Congo tinha (...) para a exploração do zimbo, uma espécie de conselho administrativo composto por três de seus fidalgos, tendo por escrivão um preto, Fernão Duarte, homem de entendimento e que fu-

gira do Porto para o Congo, talvez tendo vindo para Portugal como escravo e cá sido educado. (Felner, 1933, p.177)

Relativamente ao continente e especificamente à cidade fundada pelos portugueses a partir da chegada de Paulo Dias de Novais, sua existência se daria sobretudo aos colonizadores pois

dizem as crônicas que só em 1576 os portugueses foram morar no continente, primeiro na encosta do Morro de São Paulo virada para o Mussulo. Portugueses que viviam antes na capital do Kongo e dela foram expulsos para aí se transferiram. Foi construído um reduto fortificado para servir de acampamento militar, barracões para a administração, a capela de S. Sebastião e o primeiro palácio do Bispo, que veio dar nome à praia situada em baixo. Dessas construções nada restou. (Pepetela, 1990, p.17)

A representação da cidade de Luanda na escrita, nesse período, se dá, como não podia deixar de ser, a partir de documentos oficiais, como o *Sumário e descripção do Reino de Angola, e do descobrimento da Ilha de Loanda, e da Grandeza das capitanias do estado do Brasil feito por Domingos de Abreu de Brito portugues dirigido ao mui alto, e poderoso Rey Dom Philipe primeiro deste nome, pera augmentação do estado, e renda de sua coroa*. Produzido no ano de 1592 trata, a partir de uma descrição da terra, de um verdadeiro plano para governação de Angola. O extenso relatório dá conta das riquezas naturais e possibilidades de lucros que a exploração de Angola e do Brasil poderão trazer à coroa portuguesa e, sob essa luz, as observações de Domingos de Abreu Brito explicitam a ótica da metrópole em relação às colônias. Curioso é o pequeno espaço que no relatório é concedido a Luanda, sede do Reino de Angola, já que as referências à cidade se realizam por recortes metonímicos: seu porto ou os sinos da catedral.

O Reyno Danguolla he mui grande, e Rico, e são e abastado, de todo o modo de mantimentos, caça, Peixe e havens em grande cantidade, pella terra ser fertelissima em grande abundancia, e muito povoada, em tanto que se afirma ser a mais povoada do mundo. (...)

(...) porquanto na mesma terra he todo o gentio delle muito abel, prencipalmente pera estas cousas de fundição, porquanto vi em Santo Antonio que está na villa de Loanda meo sino pequeno som e tenido delle se julga ser mais de ouro e prata que metal (...). (*Arquivos de Angola*: 1937, p.251, 259)

O que inferimos dessa lacuna descritiva em autor tão minucioso é que não valeria a pena deter-se em expor aos olhos portugueses algo que já se tinha como conhecido: a cidade-réplica do espaço metropolitano. Por isso, o texto dá ênfase ao "gentio muito abel", cujos conhecimentos de fundição tornam-se elemento importante, sem dúvida, para uma colônia de exploração, como Angola naquele momento. Outros textos, todavia, irão se dedicar com mais vagar a Luanda, como, por exemplo, o Parecer expresso em carta do Pe. Francisco Leitão sobre a missão dos capuchinhos em Angola no ano de 1643.

Nesse texto, escrito no período de domínio holandês em Angola, a cidade de Luanda, "cabeça do reino do Dongo", é descrita inicialmente em sua geografia ("muy abrigada de los vientos para toda suerte de embarcaciones") a fim de que se possa enfatizar sua localização privilegiada como porto no qual um grande número de escravos foi embarcado. A vida mais descansada vivida em Luanda – provavelmente em razão da riqueza propiciada pelo tráfico – é a causa da afirmação de que os bispos nomeados para a cidade de Salvador, no reino do Congo, "se dexauan quedar em dicha Cidade de San Pablo de Loanda em Angola". E, mais uma vez, o texto remete diretamente ao tráfico ao afirmar que mesmo os religiosos não se furtavam a "médios de hazer hacienda por rescates y negocicaciones, como lo hiço el obispo immediato antecessor del que viuia alli quando se rebelo Portugal". Ou seja, assim como no texto de Domingos de Abreu Brito, a cidade de Luanda é focalizada a partir das possibilidades do tráfico de escravos, já que esta é a grande riqueza do "Reino de Angola".

No que concerne à aparição literária propriamente dita da cidade, ela ocorre já nos primeiros textos portugueses que tratam da "conquista de Angola", e é apresentada de forma extremamente negativa, conforme se pode verificar a partir do poema "Descrição da Cidade de Loanda e Reyno de Angola", de autoria de um "poeta curioso das calamidades destes reinos" e transcrito no terceiro volume da *História geral das guerras angolanas*, de Antônio de Oliveira de Cadornega, longo texto elaborado no século XVII.

Antes de analisarmos o poema que trata de forma tão desairosa Angola e Luanda, vale recordar alguns fatos, a fim de avançarmos algumas hipóteses quanto à autoria do citado poema.

O texto encontra-se no tomo 3 do *História geral das guerras angolanas*, o qual tem a seguinte inscrição em seu frontispício:

> AO MUITO ALTO E MUITO PODEROSÍSSIMO PRÍNCIPE DOM PEDRO, NOSSO SENHOR, OFFERECE A SEUS REAIS PÉS ESTA HISTORIA DE ANGOLA
>
> ANTONIO DE OLIVEIRA DE CADORNEGA, CAPITÃO REFORMADO E CIDADÃO DE SÃO PAULO DA ASSUMPÇÃO, NATURAL DE VILLA-VIÇOZA.
>
> TOMO TERCEIRO ESCRIPTO NO ANNO DE 1681

A inscrição se faz necessária, conforme apontaremos logo mais, notando-se, por agora, algumas datas importantes: *1681*, ano em que foi escrito o volume que é dedicado a D. Pedro (*1648-1706*).

A transcrição do poema se faz com uma introdução que afirma o seguinte:

> (...) e em este terceiro da Historia General Angolana, hirá também cifrado tudo em huma obra ou satyra, que fez hum poeta curiozo das calamidades destes reinos, que com isso lhe não tirão sua grandeza e estimação; só o que foi hum pouco mordaz, dizer perecia a justiça, por não haver quem a entendesse; o que he muito pello contrario; como também dizer onde o filho he fusco, e quase negro o neto, e todo negro o bisneto, e tudo escuro: isto se entende em quanto aos que procedem do gentio da terra, que há muita gente branca e grave, todos procedidos de gente portuguesa, vinda do nosso Reino de Portugal, todos brancos, sem

mescla nenhuma; no de mais o decifrou muito ao natural; he obra alhea e não do Autor, que nunca teve, nem por sombras, veia de poeta; o que pode ser que me valha, para ser mais bem afortunado, a qual começa desta maneira ... (Cadornega, 1972, p.382)

O tom do texto permite-nos avançar a hipótese que Cadornega é contemporâneo das situações descritas pelo poeta e que o conhece ("não lhe tirão sua grandeza e estimação").

A seguir a esses comentários, inicia-se a transcrição do poema, cujas primeiras estrofes são citadas abaixo:

> Nesta turbulenta terra,
> almazém de pena e dor,
> confusa may do temor,
> Inferno em vida.
>
> Terra de gente opprimida,
> monturo de Portugal,
> Por onde purga seu mal,
> e sua escoria
>
> Onde se tem por vãa glória,
> a mentira e falsidade,
> O roubo, a malignidade,
> O interesse:
>
> (...)
>
> Aqui onde o sangue puro
> o clima gasta e conforme,
> o gesto roe e a cor come
> o ar, e o vento
>
> He tão forte e violento
> que o bronze metal eterno,
> que o mesmo fogo do inferno
> O não gastaria

O racha, quebra e prepara,
que o reduz a quase nada.
Os bosques são vil morada
de empacaças.[1]

Ocorre que há um poema atribuído a Gregório de Matos Guerra, que teria sido escrito na ocasião de seu exílio em Angola (*1684*), composto também por 47 estrofes, que se inicia com:

Nesta turbulenta terra
armazém de pena, e dor,
confusa mais do temor,
inferno em vida.
Terra de gente oprimida,
monturo de Portugal,
para onde purga seu mal,
e sua escória:
Onde se tem por vanglória
o furto, a malignidade,
a mentira, a falsidade,
e o interesse:
(...)
Aqui onde o sangue puro
o clima gasta e consome,
o gesto rói e a cor come
o ar, e o vento

É tão forte e violento
que o bronze metal eterno
que o mesmo fogo do inferno
o não gastaria

O racha, quebra e prepara,
que o reduz a quase nada.
Os bosques são vil morada
de empacaças,

---

1 Seguem-se 44 estrofes no mesmo esquema rítmico e de mesmo teor.

Como se pode verificar, trata-se do mesmo poema, com pequenas diferenças[2], o que nos faz avançar três hipóteses sobre a autoria do texto:

a) o livro de Cadornega foi acabado de escrever em data posterior ao que se registra no frontispício do mesmo e, assim, houve tempo de acrescentar o poema de Gregório de Matos feito em Luanda quando de seu exílio naquela cidade;

b) alguém, após a morte de Cadornega – ocorrida provavelmente em 1690 – inclui o poema no livro;

c) o poema, atribuído a Gregório de Matos, na realidade é de um outro autor, e tem sua elaboração em data anterior ao exílio do poeta.

Por não termos condições, no momento, de decidir por uma delas em razão da falta de documentação comprobatória, preferimos afirmar que o poema é de origem desconhecida.

A respeito, vale lembrar ainda que o poema suscitou a reflexão de estudiosos da literatura de Angola, dentre os quais destacamos Heitor Gomes Teixeira (1978) e Francisco Soares. Este último, em um dos textos de seu *Notícia da literatura angolana* (2001) indica o seguinte:

> De aqui ficam duas hipóteses. Ou Gregório de Matos e Guerra não é o autor do poema e o copiou de uma cópia da *História* existente em Luanda na altura em que por lá passou (ou em Lisboa, caso de Lisboa tenha saído após ou durante 1863), ou o 3º tomo se escreveu muito mais tarde e, por isso, Cadornega (ou um copista) teve tempo ainda para lá transcrever a composição do sátiro. (Soares, 2001, p.53)

Ou seja, não é possível, dado o conhecimento da documentação que hoje possuímos, indicar de forma precisa a autoria do poema. Isso não impede, todavia, que teçamos algumas considerações sobre a "Descrição da Cidade de Loanda e Reyno de Angola", já que as imagens com que Angola e Luanda aparecem merecem que nos detenhamos nelas.

---

2 Para o confronto entre os dois poemas, vide sua transcrição em Anexos.

A perspectiva com que a terra angolana é focalizada nas estrofes iniciais do poema vincula-se a uma visão infernal ("Inferno em vida") presente no imaginário de autoridades e daqueles que se aventuraram no continente africano nos primórdios de sua colonização. Dessa forma, ele acaba por ter a função de alertar aos colonos que se dirigem às "terras de África", que estejam preparados para o pior. O texto citado por Cadornega não se detém aí apenas, pois segue focalizando todas as mazelas da terra, lançando mão, para tal, de uma adjetivação bastante eloqüente ("violento", "vil") e de verbos que indicam a destruição ("gasta", "Consome", "rói", "quebra"), de tal sorte que a combinação desses elementos acaba por construir um cenário de adversidades.

A forma da composição do poema é bastante curiosa, pois à destruição presente no nível do significado contrapõe-se uma musicalidade dos versos – obtida, sobretudo, a partir da redondilha maior – bem como o *enjambement* ao final de cada quadra. Graças a esse procedimento em que a forma da composição se contrapõe a seu conteúdo, a Descrição anônima atinge plenamente seu intento de denegrir Luanda e Angola por meio do discurso parodístico: onde se poderia esperar a louvação da terra (dada a forma do poema), tem-se seu rebaixamento. Assim, o poema apresenta Luanda como espaço infernal, no qual a vida é sinônimo de sofrimento e dor.

É interessante verificar, também, como as mesmas tintas do maldizer servirão a um poema também atribuído a Gregório de Matos Guerra que se refere a Luanda, local em que cumpriu seu degredo e no qual, segundo pesquisas de Gramiro de Matos (Matos, 1996), teria participado de uma rebelião, realizando

(...) duas obras histórica, cultural e politicamente significativas:
I – Lidera ou participa nas duas mais importantes sublevações do séc. XVII contra a opressão estrangeira que teria tido, aliás, inspiração brasileira.
II – O famoso texto, que conta a história das rebeliões intitulado "Que fez o autor em Angola no levantamento dos soldados" (...) – além de ser um dos quatro poemas dos primeiros criados em língua portu-

guesa por um poeta brasileiro em Angola no séc. XVII, tem uma temática de combate (...) (Matos, 1996, p.51)

Vale a pena transcrever o poema, um dos que o "Boca do Inferno" teria escrito em Angola e que diz o seguinte:

> Que fez o Autor em Angola no levantamento dos soldados
> Angola é terra de pretos
> mas por vida de Gonçalo,
> que o melhor do mundo é Angola,
> e o melhor de Angola os trapos.
> Trapos foi o seu dinheiro
> e o bem secá-lo, passado,
> hoje já trapos não correm
> corre dinheiro mulato,
> dinheiro de infame cata
> e de sangue inficionado
> por cuja causa em Angola
> houve os seguintes fracassos.
> Houve o motinar-se o Têrço
> e de ponto em branco armado
> na praia de Nazareth,
> por-nos em sítio versado.
> Houve, que Luís Fernandes
> foi entonces aclamado
> por rei dos geribiteiros,
> e por sova dos borrachos.
> Houve expulsão do Ouvidor,
> que na chinela de um barco
> botou pela barra fora
> mais medrosos, que outro tanto.
> Houve levar-se o Doutor
> rocim pela barbicacho,
> à campanha do motim
> por Secretário de estado.
> Houve, que receando o Terço
> mandou aqui lançar bandos,

alguns com pena de morte,
outros com pena de tratos.
Houve, que sete cabeças
foram metidas num saco,
porque o dinheiro crescesse,
como os fizessem em quartos.
Houve, que sete mosquetes
leram aos sete borrachos
as sentenças aos ouvidos
em segredo aqui entre ambos.
Houve, que sete mosquetes
inda hoje se estão queixando,
que aquela grande porfia
lhe tem os cascos quebrados.
Houve, que após da sentença,
e execução dos madraços
prenderam os esmoleiros,
que deram socorro ao campo.
Houve, que saíram livres
por força de um texto Santo,
cuja fé nos persuade,
que a esmola apaga os pecados.
Houve mil desaventuras,
mil sustos, e mil desmaios,
uns tremiam com quartãs,
a outros tremiam os quartos.
Houve, que esteve em depósito,
a ponto de ser queimado
arremedando nas cinzas
ao antigo mar Troiano.
Leves diabo o dinheiro
Por cujo sangue queimado
Tanta queimação de sangue
Padecem negros, e brancos.
Com isto não digo mais
Antes tenho sido largo,
Que me esquecia até agora,
Do nosso amigo Alencastro.

O longo poema refere-se a uma rebelião, ocorrida em Luanda em novembro de 1694, protagonizada pelos soldados do Terço da capital da "conquista", descontentes com a forma de pagamento de seus soldos. O levante, desdobrando-se em dois momentos, acabou por reivindicar a substituição do governador por um natural da terra ou um descendente de brasileiro, Luiz Fernandes, ("Houve que Luiz Fernandes foi entonces aclamado por rei dos geribiteiros"). Graças a um estratagema do governador D. João de Alencastro a rebelião é sufocada e os sete principais conspiradores são enforcados ("Houve que os sete cabeças/ foram metidos num saco/porque o dinheiro crescesse/como os fizesse em quartos"), "e porque os inspiradores do tumulto forão filhos do Brazil, insensivelmente impôz para os presídios, quando havia no terço de forma, que antes de hum anno, não havia hum só nelle". (Arquivos de Angola apud Matos, G., op.cit., p.96)

Descrevendo os passos da revolta, o poeta refere-se inicialmente à moeda adotada naquele momento para pagamento da tropa em Luanda – os tecidos –, os quais propiciavam o escambo com os africanos e, assim, a possibilidade de os soldados viverem em condições razoáveis quanto à alimentação, pelo menos.

A seguir, focaliza o motim propriamente dito, citando o topônimo "praia de Nazareth", local situado na Baixa de Luanda, para terminar com uma saudação ao governador, D. João de Alencastro.

Ainda que tenhamos as maiores simpatias para com o poeta baiano, não resta dúvida de que a forma de representação de Luanda presente no texto não se afasta de um olhar metropolitano e vincula-se ao papel que a cidade desempenha nos primeiros tempos de sua fundação, conforme nos ensina Pepetela:

> Assim, a primeira cidade fundada na África a sul do Sahara por europeus, com foros urbanos desde 1605, nasceu apenas para ser uma base de rapina, um acampamento de trânsito, fator que vai marcar indelevelmente o seu caráter nos três séculos seguintes. E talvez tenha sido cidade mais por vontade da Igreja Católica que do poder político. (Pepetela, 1990, p.18)

Vale aqui lembrar as palavras de Fernando Mourão que, de certa maneira, opõe-se a esta visão proposta por Pepetela:

> Luanda, local de embarque de escravos para as Américas, encravada no reino de N'Gola, onde se esperava encontrar minas de prata e outras preciosidades, é, no século XVII, uma cidade militar, 'uma cidade religiosa', para Cavazzi de Montecúculo, uma 'cidade civil', para Cadornega. Tradicionalmente as referências a Luanda antiga respaldam-se na sua função de feitoria. Contudo, o grande número de construções civil, militar e religioso, erguido em pleno século XVII, mostra que era plano da coroa construir uma cidade de porte, tal como ocorreu no outro lado do atlântico com as cidades de Salvador – Salvador da Bahia de Todos os Santos (1549), Rio de Janeiro – a antiga São Sebastião do Rio de Janeiro (1565), Olinda (1537), Natal (1599), São Vicente (1532), São Paulo – a São Paulo do Piratininga (1554) – além de outras. (Mourão, 1988, p.172)

Sem dúvida, Mourão tem razão ao chamar a atenção para o número de edificações com caráter definitivo e grandiosidade existentes na Luanda daquele momento, indiciando que a coroa portuguesa em algum momento, teve planos pouco tímidos para a capital do Reino de Angola.

Ocorre, entretanto, que nem sempre a fonte principal da riqueza de Luanda – o tráfico – fluía com regularidade e, mesmo em seus melhores momentos, essa atividade econômica não fixava o europeu à terra, o que fazia com que a cidade de Luanda e o Reino de Angola, muitas vezes se apresentassem como um "armazém de pena e dor".

Ainda que não nos fiássemos no panorama desagradável apresentado pelas quadras do anônimo autor citado há pouco, um outro tipo de discurso traz até nós a imagem demoníaca de Angola no século XVIII: trata-se da correspondência de seus governadores gerais[3]. Detendo-nos nas cartas, bandos e ofícios redigidos pelos mes-

---

3 Os fatos arrolados, oriundos da correspondência dos governadores-gerais encontram-se nos vários números dos *Arquivos de Angola*, editados pelo Museu de Angola e indicados na bibliografia.

mos, desenha-se-nos um quadro bastante precário sobre a vida na colônia, especialmente em Luanda, onde a falta constante de água, existência de pragas, sujeira, doenças e invasão de animais selvagens constituíam, segundo os administradores portugueses, verdadeiros flagelos. Assim é que sabemos ter D. Francisco Inocêncio, em abril de 1771 (conforme carta dirigida ao Rei), mandado capturar um leão branco que "passeava pelas ruas de Loanda", com a mobilização de todos os moradores que fizeram um cerco ao animal e conseguiram aprisioná-lo no curral dos Frades do Carmo; em julho do mesmo, o governador-geral foi obrigado a instituir um prêmio a quem matasse os leões que invadiram a capital de Angola.

De melhor sorte não são as notícias enviadas à corte pelo governador-geral Manoel de Almeida e Vasconcelos, conforme carta de 25 de abril de 1793, dirigida ao Rei em que relata a

> falta quasi total de Chuvas, que se tem sentido neste Continente pelo expaso de quatro annos (...) além de huma praga de inumeraveis Gafanhotos de que eu não acreditava a quantidade, nem os efeitos, em quanto por mim mesmo, os não observe, chegando a cometer a Cidade, e dando hum grande trabalho para livrar as Cazas: destruhio todas as plantas, extenguindo-lhe té as mesmas raízes.

Há, no entanto, períodos de fausto e riqueza da população, especialmente quando o tráfico de escravos tem um grande lucro (por exemplo, se não ocorre a perda das embarcações para os piratas). Nesses momentos, os "homens de bem" mostram sua pujança. Um exemplo é o das festas realizadas em Luanda em julho de 1620 por ocasião da beatificação de S. Francisco Xavier e que Felner nos conta, a partir da documentação da Biblioteca Nacional de Portugal[4].

---

4 Biblioteca Nacional, Reservados. Fundo geral, mss. Caixa 29, n° 35. *Relação das festas que a Residência de Angola fez na beatificação do beato padre Francisco Xavier da Companhia de Jesus.*

Assim que teve conhecimento do ato papal de beatificação, o governador de Angola, Luís Mendes de Vasconcelos, fez celebrar festas e instituiu um concurso poético com prêmios a quem fizesse a melhor canção em língua portuguesa sobre a morte do Santo, e outro prêmio a quem glosasse melhor o mote

> El sol que resplandeciente
> Vos dá luz Francisco, a vos,
> Nos iguais quela de dios
> Llevaste al mismo oriente

Também a quem fizesse o melhor soneto sobre qualquer milagre do santo ou alguma de suas virtudes, seriam outorgados prêmios (um moleque e um par de meias de seda).

Além disso, houve procissão que, dado o luxo, poder-se-ia chamar de cortejo alegórico, festas na igreja e queima de fogos.

Vale transcrever um trecho de Felner, a fim de que tenhamos idéia do que foram as tais festas:

> Posto o cortejo em marcha, havia pelo caminho diversos *theatros* ou encontros com personagens importantes. O primeiro era com o *Reino de Angola*, que vestia de veludo verde riquissimamente bordado, tendo na cabeça uma trunfa azul, dividida em quartos, arrematados com um volante que lhe caía pelas costas. Toda a trunfa era tecida de lavores de cadeias de ouro, pérolas finas e pedras preciosas de muito preço. Calçava botas brancas cobertas de botões e cadeias de ouro, e, quando avistava o carro do Santo *fazia-lhe o seu discurso em verso*.
> Mais adiante era o Santo esperado pelo Reino do Congo, vestido como o de Angola e que, como este, *também recitava versos*. Junto à cadeia, nas escadas da Câmara, estava o Império da Etiópia, trajando ao costume da terra, apenas com um pano à cintura e o mais como a natureza criou, com a diferença de que o pano era riquíssimo. Recitou também os seus versos e, como na última oitava expressava o desejo de ter as chaves de todas as grandes cidades para as entregar ao Santo, desprezando todas as riquezas, completava o pensamento desfazendo-se do dinheiro que tinha (...) (Felner, 1933, p.316-7) (Grifamos)

Digna de nota é a sextilha declamada pelo representante da Etiópia, que ilumina a focalização que a produção poética realiza (na forma e no tema) do meio circundante, já que em Angola realizava-se o cortejo e da fala de África pretensamente se tratava:

> Quisera ser, qual Roma, poderosa,
> Qual Paris ou Veneza, rica e grave,
> Com Florença ou Nápoles, lustrosa,
> Como Lisboa, célebre e suave,
> Como Sevilha, plana e deleitosa,
> Enfim, quisera ser do mundo chave,
> Para vos entregar a dos meus muros
> Só para ficar honrada e eles seguros. (Felner, 1933, p.541)

O que se verifica é que a Etiópia é definida pela subtração, já que ela *não é*: poderosa, rica, lustrosa, suave ou plana. Ou seja, apenas o que lhe resta é um desejo: o de ser chave do mundo, a fim de possa completar a obra dos colonizadores e ofertar-se para sua honra e segurança. Sem dúvida, o desejo da Etiópia passa ao largo do que queriam os africanos, constituindo-se em projeção das vontades do conquistador.

Quanto aos reinos de Angola e Congo, a descrição dos trajes das alegorias não pode nos deixar dúvidas quanto à distância existente entre a realidade e a fantasia.

Ainda sobre a festa em louvor a São Francisco Xavier, infere-se, ao ler o texto de Felner, que pelas providências tomadas e comentários efetuados, o governador Luís Mendes de Vasconcelos provavelmente tenha sido autor de algumas partes dos textos dos *Theatros* realizados, já que essa autoridade foi, pessoalmente, responsável pela decoração da Igreja dos Jesuítas em que ocorreram as festividades e supervisor de todos os detalhes da comemoração, como, por exemplo, a elaboração do quadro com a imagem de S. Francisco, realizado por um pintor que o governador trouxera de Lisboa.

A festa realizada a partir da beatificação não deixa lugar a desconfianças quanto à riqueza que circulava pela capital de Angola naquela quadra. Quanto à poesia, infelizmente não temos informação sobre os autores vencedores dos torneios ou dos poemas premiados, pois há apenas a menção de um nome do vencedor, o de Francisco Luís de Vasconcelos, filho do governador. Talvez a veia poética fosse hereditária, já que o governador Luís Mendes de Vasconcelos apresentou no certame "nada mais nada menos do que uma canção, duas glosas do mote proposto e cinco sonetos" (Oliveira, 1990, p.60). Deles, transcrevemos um dos poemas que tem forte presença da poesia de Camões e, de certa maneira, resume o que apontávamos quanto a um descentramento das produções letradas da "cidade portuguesa de além-mar", que tem os pés calcados na África e os olhos postos na metrópole:

> Sendo Áurea Quersoneso combatida
> da armada de Samatra poderoza
> a ferro, fogo e fúria rigoroza,
> do divino Xavier foi socorrida,
>
> não com terrenas armas defendida
> mas de oração contínua e fervorosa
> méritos de virtudes glorioza
> que a alma pura em Deus tem sempre unida.
>
> A porta move e com fervor incita
> o valor empedido da potência
> que se ilustra seguindo a razão justa,
>
> Já seguem o inimigo e já recita
> de Deus profetizando a grã demência
> justa vitória da potência injusta.

O soneto do ilustre governador corrobora nosso ponto de vista segundo o qual a colônia, nesse momento, é apenas espaço da reprodução e não da produção de cultura; espaço do fragmentário e não da totalidade em que os homens da "cidade letrada" buscam atuar. Assim, a Luanda da escrita é a cidade no além-mar, uma cidade "portuguesa com certeza".

E, a respeito, vale recordar o que afirma Angel Rama no que concerne ao papel da "cidade letrada":

> A cidade bastião, a cidade porto, a cidade pioneira das fronteiras civilizadoras, mas sobretudo a cidade sede administrativa (...) constituíram a parte material visível e sensível da ordem colonizadora, dentro das quais se enquadrava a vida da comunidade. Mas dentro delas sempre houve outra cidade, não menos amuralhada, e não menos porém agressiva e redentorista, que a regeu e conduziu. É a que creio que devemos chamar de cidade letrada, porque sua ação se cumpriu na ordem prioritária dos signos e porque sua qualidade sacerdotal implícita contribuiu para dotá-las de um aspecto sagrado, liberando-as de qualquer servidão para com as circunstâncias. (Rama, 1985, p.42)

Ou seja, dentro da fortificação da cidade colonizada ergueu-se uma cidade letrada cujos muros formaram-se a partir do domínio da escrita e da ordem estrita aos mandamentos e ordens oriundas da metrópole. Dessa forma, sua produção obedeceu sempre aos parâmetros da Lei e da Ordem coloniais e, portanto, mesmo suas festas (como as acima referidas) mostram que seus olhos, sempre, estão postos na metrópole.

4
A CIDADE COLONIZADA

A exclusão como regra arquitetônica

Com o advento de uma posse efetiva do solo africano, nos fins do século XIX, as cidades africanas europeizadas começam a surgir, constituindo-se em um duplo perverso das urbes européias. Nelas os colonos procuraram refletir o *modus vivendi* da Europa, copiando-lhe a arquitetura e o traçado, mas tendo para isso de tentar, inutilmente, abstrair a população nativa ou, no mínimo, efetuar uma brutal segregação para tentar seu apagamento. Surgem, dessa forma, os "bairros indígenas", a "cidade" do colonizado, que se contrapõe à cidade do colono:

> O mundo colonizado é um mundo cindido em dois. A linha divisória, a fronteira, é indicada pelos quartéis e delegacias de polícia. (...) A cidade do colono é uma cidade saciada, indolente, cujo ventre está permanentemente repleto de boas coisas. A cidade do colono é uma cidade de brancos, de estrangeiros.
> A cidade do colonizado, ou pelo menos a cidade indígena, a cidade negra, a *médina*, a reserva, é um lugar mal afamado, povoado de homens mal afamados. Aí se nasce não importa onde, não importa como. Morre-se não importa onde, não importa de quê. (...) A cidade do colo-

nizado é uma cidade faminta, faminta de pão, de carne, de sapatos, de carvão, de luz. (Fanon, 1979, p.28-9)

Se as diferenças entre as duas "cidades" são dramáticas, não se pode esquecer que faz parte do jogo de dominação colonial perpetuar os contrastes entre as zonas destinadas aos colonizadores daquelas em que habitam os colonizados, já que destruir as fronteiras entre elas significaria o fim do próprio sistema, baseado nas desigualdades e na exploração brutal de uma parte da população do país.

Dessa forma, a "cidade do colono" aproxima-se de qualquer cidade que conhecemos: com o comércio, repartições públicas, áreas destinadas ao lazer e parques, é limpa, contando com todas as facilidades da urbe moderna. Ela possui, no entanto, uma tensão que a distingue de outras cidades, pois sua aparente tranqüilidade repousa na espoliação e, portanto, ela está sob o signo da cobiça, como nos lembra Fanon:

> O olhar que o colonizado lança para a cidade do colono é um olhar de luxúria, um olhar de inveja. Sonhos de posse. Todas as modalidades de posse: sentar-se à mesa do colono, deitar-se no leito do colono, com a mulher deste, se possível. (Fanon, 1979, p.29)

Já a cidade do colonizado define-se pela carência: de água, luz, saneamento básico, saúde, educação, de cidadania. É, sob a perspectiva do sistema de dominação, apenas o amontoado dos homens que servem à cidade do colonizador.

No caso de Luanda, há alguns dados contextuais que devem ser trazidos à cena a fim de que possamos iluminar adequadamente quer a ocupação da cidade no período, quer, principalmente, os fenômenos literários do século XIX, quando há os primeiros movimentos de um nativismo por parte do colonizado.

Antes de tudo, é preciso pensar que as cidades colonizadas apresentam uma característica importante: diferentemente das metrópoles, elas têm um processo de "urbanização terciária", ou seja, não há passagem paulatina de um setor primário a um terciário, como nos países industrializados, mas sim um nascimento e posterior desenvolvimento voltado para o setor terciário da produção: exportação de matéria-prima e prestação de serviços.

No que se refere a Luanda, seus primeiros séculos dependeram do comércio de três "produtos" importantes: escravos, marfim e cera. Ou seja, sob a lógica do mercado colonialista, não houve a produção de bens; apenas sua exploração e exportação. Assim, não é difícil entender algumas diretrizes do crescimento da população da cidade e a estruturação *sui generis* da sociedade luandense por um período que se estende até um pouco mais da metade do século XIX: ao lado dos escravos e dos colonizadores, verifica-se o surgimento de uma "sociedade crioula" à qual Marcelo Bittencourt, assim se refere:

> (...) uma mescla de tipo muito especial entre elementos ligados ao contexto africano, geralmente chamados de tradicionais, e os de origem européia, que por vezes são identificados como modernos. Essa composição resultou na formação de (...) um grupo intermediário entre os europeus da metrópole e a maioria da população negra rural (...), muitas vezes chamado de euro-africano pelas autoridades coloniais.
> Essa designação ambígua, certamente dava conta dos mestiços e dos negros de "boa posição social", até que fosse estabelecida uma legislação mais rigorosa no século XX. (Bittencourt, 1999, p.33)

A terminologia utilizada, sem dúvida, remete-nos a Mário Antônio, devendo-se frisar que o texto de Bittencourt se distancia de algumas reflexões presentes em *Luanda, ilha crioula*, como, por exemplo, o fato de Luanda "evoca[r] o amálgama bio-social que os portugueses realizaram nos Trópicos". (Antonio, 1970, p.13-4)

Está aqui desenhada a traços largos, segundo entendemos, a formação da chamada "elite crioula", ou, para usarmos a terminologia de Angel Rama, a formação da "cidade letrada", já que estará nas mãos desse estrato da população a administração da colônia que se realizará a partir dos quadros locais, conforme as reflexões do crítico uruguaio sobre as cidades hispano-americanas, mas que podem nos auxiliar a pensar a Luanda do período a que nos referimos:

> No centro de toda cidade, conforme diversos graus que alcançavam sua plenitude nas capitais vice-reinais, houve uma cidade letrada que compunha o anel protetor do poder e executor de suas ordens: (...) religiosos, administradores, educadores, profissionais, escritores. (...) (Rama, 1985, p.43)

Esse fato, sem dúvida, denota uma fragilidade do Estado em manter essa mesma administração somente nas mãos de portugueses reinóis. Segundo o mesmo Bittencourt,

> tal fragilidade permitira ainda a criação de uma sociedade desregulamentada em que muitas das pessoas vinculadas ao tráfico de escravos não possuíam maiores enraizamentos na terra. Devido a essa condição de excepcionalidade, não havia uma definição clara de valores. (...) além do mais, aqueles homens e mulheres vinham de todos os estratos sociais e regiões possíveis, tornando difícil maiores padronizações dos comportamentos sociais e, conseqüentemente, raciais. (Bittencourt, 199, p.39)

Há, no entanto, a abolição do tráfico negreiro em torno do qual girava a economia e a estruturação social especialmente de Luanda, vindo esse fato a modificar o quadro geral dessa sociedade:

> A supressão do Trato (oficialmente em 1836) impôs a um núcleo colonial de forma alguma preparado para a exploração do território por ele mesmo uma grave crise da colonização, que sancionou o declínio da cidade e o abandono do país por um número elevado de brancos (portugueses e brasileiros): em 1845 não havia mais que 136 mulheres e 1466 homens brancos em Luanda (...) (Messiant, 1989)[1]

---

1 Texto original referente à tradução no corpo do texto: La suppression de la traite (officiellement en 1836) imposée à um noyau colonial nullement prepare à l'exploitation du territoire pour lui-même une grave crise de la colonisation, que sanctionnèrent le déclin de la ville et l'abandon du pays par de nombreux Blancs (alors portugais et brésiliens): il n'´y avait déjà plus em 1845 que 136 femmes et 1466 hommes blancs à Luanda (...)

Essa situação estende-se ainda até os inícios do século XX, quando um novo ciclo econômico, ligado à agricultura – sobretudo ao café – modificaria o cenário. Vale notar, entretanto, que a supressão do tráfico teve um entendimento *sui generis* pelos brancos e pela administração colonial: havia sido abolido o *tráfico* e não a *escravidão* e isso é tão mais importante quando se pensa que grande parte das cargas era transportada, dentro de todo o território angolano, nas costas de trabalhadores forçados[2]. Como se pode verificar, é uma situação em que uma transformação econômica de peso deveria mobilizar grandes forças para implementar as mudanças.

É no quadro dessas mudanças que podemos situar a escrita dessa cidade em mutação, que começa a ver-se como sujeito de sua própria história e, portanto, inicia uma produção letrada em que o nativismo começa a ser a nota dominante.

As manifestações literárias

Ainda que nosso trabalho tenha como foco central a prosa angolana, não se pode deixar à margem que as manifestações letradas do período aqui indicado devem, necessariamente, passar pela referência ao primeiro livro de poesia em português editado na África, o *Espontaneidades da minha alma: Às senhoras africanas* (1850) de autoria de José da Silva Maia Ferreira[3].

Ocorre que esse luandense viera estudar no Brasil (1834-1845) e aqui acabou por manter contato com a poesia de românticos brasi-

---

2 Cronologia da legislação antiescravista: 1836 – Abolição do tráfico; 1856 – Lei concedendo liberdade aos escravos do Estado, das Câmaras e das Misericórdias; 1869 – Decreto abolindo a escravidão, passando os escravos à condição de "libertos" e obrigados a prestarem serviços a seus senhores até abril de 1878; 1875 – Lei e decreto declarando terminada a condição servil dos libertos.

3 Manuel Ferreira assim se refere ao autor: "É em José da Silva Maia Ferreira que se indicia uma certa consciência regional, condição primeira para uma consciência nacional". (Ferreira, 1986, p.13)

leiros, sobretudo a de Gonçalves Dias, o que o marcaria profundamente, como se pode aquilatar do poema "À minha terra", do livro acima referido, em que a presença de "Canção do exílio" (*Primeiros cantos*, 1843) é uma espécie de referência constante, como se pode aquilatar das estrofes seguintes:

À MINHA TERRA!
(No momento de avistá-la depois de uma viagem.)

De leite o mar – lá desponta
Entre as vagas sussurrando
A terra em que cismando
Vejo ao longe branquejar!
É baça e proeminente,
Tem d'África o sol ardente,
Que sobre a areia fervente
Vem-me a mente acalentar.

Debaixo do fogo intenso,
Onde só brilha formosa,
Sinto n'alma fervorosa
O desejo de a abraçar:
É a minha terra querida,
Toda d'alma, – toda – vida, –
Qu'entre gozos foi fruida
Sem temores, nem pesar.

Bem vinda sejas ó terra,
Minha terra primorosa,
Despe as galas – que vaidosa
Ante mim queres mostrar:
Mesmo simples teus fulgores,
Os teus montes tem primores,
Que às vezes falam de amores
A quem os sabe adorar!

Navega pois, meu madeiro
Nestas aguas d'esmeraldas,
Vai junto do monte às faldas
Nessas praias a brilhar!

Vae mirar a natureza,
Da minha terra a belleza,
Que é singella, e sem fereza
Nesses plainos d'alem-mar!
De leite o mar, – eis desponta
Lá na extrema do horizonte,
Entre as vagas – alto monte
Da minha terra natal;
É pobre, – mas tão formosa
Em alcantis primorosa,
Quando brilha radiosa,
No mundo não tem igual!

A presença da redondilha maior, de um vocabulário muito próximo do texto brasileiro (lembre-se, por exemplo, o verso 15 da "Canção do exílio" – "Minha terra tem primores") e do tema da terra natal cantada pelo poeta que se acha distante do lar, permite-nos operar uma leitura aproximativa entre a poesia de Gonçalves Dias e a canção angolana a partir da senda apontada por Leyla Perrone-Moisés, quando propõe uma "Desmontagem ativa dos elementos da obra, para detectar processos de produção e possibilidades variadas de recepção (Perrone-Moisés, 1990, p.97). Sob esse particular, avulta a questão do nativismo em Maia Ferreira, já que a leitura de "Canção do exílio" realizada pelo autor angolano, que se pode depreender, focalizará, sobretudo o "cá" da terra angolana, deixando na penumbra o "lá" de onde ele chega. Sob esse particular, o poeta afirma a "singeleza" de sua terra, mas faz questão de apontar que ela tem primores "A quem os sabe adorar" (verso 24), indicando, sob esse particular", uma explicitação de sua "pertença", o que indica um nativismo nascente. Segundo afirma Inocência Mata, o poema de Maia Ferreira, ao construir-se a partir da dialética entre o enaltecimento e a consciência das faltas de sua terra, cria um efeito de recepção que

> não é propriamente uma celebração da sua terra natal mas uma transposição compensatória, segundo um esquema estético-afetivo de rei-

vindicação de uma pátria que não coincide, todavia, com a terra natal (Mata, 2001, p.95)

Segundo entendemos, ainda que não possamos afirmar ser Maia Ferreira um nacionalista, é, no entanto, marco inquestionável na produção literária angolana na medida em que a "transposição compensatória" celebrativa indica uma "consciência amena do atraso" – para usarmos aqui a feliz expressão de Antonio Candido – que vê na abordagem que os românticos brasileiros fazem de sua terra (e que poderíamos aproximar da operacionalização do texto de Maia Ferreira) um passo importante de mirar o país a partir de lentes próprias e não mais com os olhos voltados para a metrópole.

Cremos ser importante ainda salientar a presença da produção de um madeirense, negreiro, típico integrante da "elite crioula" de Luanda e que publicou *Dedo de pigmeu* (1853), livro republicado pelo filho do autor em *O Futuro de Angola* no ano de 1887. Trata-se de Arsênio Pompílio Pompeu do Carpo que, entre outros poemas escreveu "Luanda", cujo tema nos interessa de perto e do qual transcrevemos algumas estrofes:

> Luanda
> O país que adoptei
> Não tem fontes de cristal
> De sua aridez gostei
> Embora gosto fatal.
> Anos trinta o habitei
> Pagaram-me alfim mui mal,
> Não o país que lamenta
> A minha sorte cruenta.
> (...)
>
> E também gostei dos frutos
> De que a terra tanto abunda,
> Dos costumes e dos cultos
> E também da língua ambunda;
> O fazer da terra imunda

Uma cidade elegante
Que diga o viajante.⁴

Como se verifica, o texto tem um tom paródico (conforme se depreende do sexto verso da primeira estrofe), mas a visão de Luanda que dá a seus leitores é de um espaço "elegante" e aprazível, ainda que seja erigido a partir da "terra imunda", o que acaba por recobrir de ambigüidade o sentimento expresso sobre a cidade capital e sobre Angola (no primeiro verso – "O país que adoptei").

Será em Luanda, verdadeira "cidade letrada" do período, que um número importante de periódicos será editado, quer em português, quer em quimbundo, como nos lembra Benjamin Abdala Júnior:

> (...) um primeiro momento de fratura do imaginário materializou-se pela presença político-cultural de uma burguesia africana – fato que se dá basicamente nos últimos vinte anos do século XIX, um período liberal associado à Regeneração portuguesa –, favorecendo o início de uma intensa atividade jornalística na então colônia. A Imprensa desponta, desse modo, como a força responsável pelo surgimento de um primeiro reduto capaz de romper o silêncio imposto pela estrutura colonial. A partir desse período sucedem-se dezenas de títulos de publicações cujos caminhos vão desde um jornalismo polêmico até a concretização de opções voltadas, preferencialmente, aos interesses angolanos. (Abdala Jr., 1993, p.4)

Situando de maneira bastante precisa o fenômeno, Benjamin Abdala Júnior focaliza o desenvolvimento da imprensa angolana na torrente da consciência que a colônia paulatinamente vai assumindo de seu papel. Na mesma senda, Carlos Ervedosa em seu clássico *Roteiro da literatura angolana* alia o surgimento da imprensa angolana (melhor diríamos luandense) à existência da burguesia autóctone:

> É nesta sociedade que se gera a primeira elite angolense, que desenvolvendo a sua atividade profissional no comércio, no funcionalismo

---

4 Transcrito de Oliveira, 1997, p.38-9.

público e no foro, encontra no jornalismo florescente pelo decreto que tornava extensiva às colônias a liberdade de imprensa, de autoria do Marquês de Sá da Bandeira, o primeiro veículo para a expressão das suas aptidões literárias.

O *Boletim Oficial*, fundado em 1845 pelo governador Pedro Alexandrino da Cunha e que, aliado a missão oficial para que fora criado, desempenha as funções dum jornal (...) foi o ponto de partida para o desenvolvimento do jornalismo, que, apoiado numa pequena elite européia, aos poucos a fixar-se na capital, haveria de encontrar nas décadas seguintes um forte incremento. (Ervedosa, s.d., p.22)

O mesmo ponto de vista é defendido por Mourão, que em seu *A sociedade angolana através da literatura*, afirma:

As esperanças algo utópicas dessa época foram vividas comumente por brancos, negros e mestiços. Em primeiro lugar, as leituras levadas em boa parte por profissionais liberais, destacados para servir aos quadros coloniais; em segundo lugar, o surgimento do jornalismo angolano, meio onde se iria forjar uma plêiade de intelectuais negros e mestiços que passaram a dar um colorido todo especial a São Paulo de Luanda. (Mourão, 1978, p.15)

Os títulos dos vários jornais do período (*A Aurora*, surgido em 1855, *A civilização da África portuguesa*, fundado em 1866, *O comércio de Loanda*, de 1867, *O mercantil*, de 1870, o *Cruzeiro do Sul*, surgido em 1873, *O echo de Angola*, aparecido em 1881, *O futuro de Angola* de 1882, *O Pharol do povo*, surgido em 1883, *O arauto africano*, de 1889, o *Muen'exi*, de 1889, *O desastre*, de 1889 e *O polícia africano*, de 1890, entre outros) foram resgatados pela história, ainda que muitos estejam, ainda, sendo processados[5].

Relativamente a outras manifestações do período, é, sem dúvida, a colaboração angolana no *Almanach de lembranças luso-brasilei-*

---

5 A respeito, ver, por exemplo, Cruz e Silva, Rosa. O nacionalismo angolano, um projeto em construção no século XIX através de três periódicos da época: O Pharol do povo, o Tomate e o Desastre. (Bragança, 2003)

ro (1851-1932) que chama a atenção, tendo em vista o caráter do periódico cujo longo período de duração, abrangência de seus leitores – pois chegava a todo o mundo de língua portuguesa – ou mesmo pelo amplo quadro de colaboradores, coloca-o como referência obrigatória.

Publicado em Portugal, seu primeiro diretor foi Alexandre Magno de Castilho, sucedido em 1861 por Antonio Xavier Rodrigues Cordeiro, jornalista e poeta. Com sua morte em 1896, assumem a direção seus sobrinhos, entre os quais Adriano Xavier Cordeiro.

Os mais de oitenta anos de publicação granjearam-lhe um público amplo em todo o império colonial português, tornando-se um instrumento privilegiado na troca de informações e construção de um imaginário e de um gosto comuns. Vale recordar que, no caso do Brasil, autores de destaque de nossa literatura como Machado de Assis, por exemplo, ali publicaram seus primeiros textos que foram lidos por um público variado na África de língua portuguesa, no Brasil, em Portugal e no oriente.

A maior parte da produção literária veiculada no periódico era de poesia, vazada no estilo do ultra-romantismo e nem sempre de boa qualidade artística. Ao lado dos poemas, publicou-se também colaboração enviada de Angola relativa à etnografia e história social.

Segundo o estudo pioneiro de Mário Antonio intitulado "Colaborações angolanas no *Almanach de lembranças*, 1851-1900" (Oliveira, 1990, p.199-207), houve 369 colaborações enviadas de Angola, das quais 141 oriundas da região de Luanda. Ao todo, foram 105 autores, "alguns deles com significativa presença na história social e na vida cultural de Angola de Oitocentos" (Oliveira, 1990, p.203). Joaquim Dias Cordeiro da Mata, Eduardo Paulo Ferreira Neves, Henrique Augusto Dias de Carvalho e Augusto Bastos são os nomes de alguns dos colaboradores mais ilustres do periódico[6].

Além da colaboração no *Almanach*, Cordeiro da Mata também publicou o folhetim intitulado *Noites de Loanda (episódios da mocida-*

---

6 A respeito do *Almanach*, ver também Soares, 1998.

de bohémia), veiculado inicialmente em *O Correio de Loanda*, no ano de 1891 e que, segundo consta, não recebeu posterior edição em livro.

O texto chama a atenção do leitor na medida em que o título indica ser a cidade-capital sua matéria-prima e a "mocidade bohémia" sua personagem. Bem, como veremos, não se trata exatamente disso. Na realidade, conforme aponta Helder Garmes (Garmes, 2003), trata-se de um retrato ultra-romântico das desilusões de um rapaz morador de Luanda, Quimquim, e seu mentor, Zuza, o "mancebo mais Zombeteiro de que há memória", o qual tenta que seu colega esqueça a ingrata Josephina. Importa aqui ressaltar o retrato de Luanda que a determinada altura, em uma noite atormentada, Quimquim apresenta aos leitores:

> Luanda, cidade de miasmas e de exalações mefíticas, rainha da podridão; tu és a mais imunda entre as cidades d'África!
> A brisa que varre as tuas ruas é impura, como o ar que se respira n'alguns de teus estreitos salões que exalam a devassidão e a miséria...
> Três séculos têm surgido depois que te deram nome, e ceifado milhares de vidas, caíram todos nas profundas do passado.
> E tu os hás visto consumir; e riste-te! Porque pensavas que a vida te estava ligada com a vida do mundo!
> Escondendo nas sombras do nefando tráfico da escravatura a tua grandeza, dizias às demais cidades d'África: - 'sou vossa irmã mais rica?'
> Opulenta e querida outrora, quando os sertões da província te mandavam os teus filhos; os barcos do Brasil vinham ancorar no teu porto e encher-se dos restos com que abastecias a Europa.
> Cada um dos teus carcomidos prédios teve já nos seus antros um milhão de negros; em cada canto das tuas ruas há uma memória tirânica dos governos passados; em muitas valas do cemitério cinzas de pobres, que morreram debaixo do azorrague!...
> Na época do teu poderio os principais reis da terra se teriam em conta de grandes com dar nome de amigo a teus filhos, e filhos que sustentavam e tiravam governos...
> Então, ó capital d'Angola, brilhavas tu e eras opulenta, mais do que nenhuma cidade da África adusta; mas o brilho e a opulência vinham-te da honradez de teus filhos, dos homens a quem sem vergonha chamamos de nossos avôs!

Davam-te a vida um sem-número de probos negociantes, e eras abrigo seguro de almas elevadas. (Garmes, 2003)

A longa citação permite identificar uma contradição que, sem dúvida, percorria a "cidade letrada" naquele momento, mesmo que não fosse explicitada, já que era por demais incômoda: ainda que o tráfico negreiro seja o "nefando tráfico da escravatura", ele propicia a grandeza do país e da cidade ("eras opulenta, mais do que nenhuma cidade da África adusta"). Sob esse aspecto, verifica-se ainda a ambigüidade com que os homens do interior são focalizados, na medida em que o trecho pode se referir tanto aos comerciantes de marfim e borracha, como aos escravos ("Opulenta e querida outrora, quando os sertões da província te *mandavam os teus filhos*"). Por fim, desenha-se o clima de decadência da cidade, pois não é mais o local de "probos negociantes".

Um outro folhetim merece ainda ser citado, permitindo não apenas verificar a imagem de Luanda na literatura do período, como também se ter idéia do que foi a atividade editorial nesse momento. Entre os anos de 1892 e 1893, é publicado em folhetim nos jornais *Gazeta de Portugal* e *Tarde*, o romance do angolano Pedro Felix Machado[7], intitulado *Romance íntimo*, o qual terá uma segunda edição em 1892 em Lisboa e uma reedição, em folhetim, no ano de 1907, no jornal *O angolense* de Luanda.

A próxima edição ocorrerá quase cem anos depois, apenas em 2004, em edição da Imprensa Nacional-Casa da Moeda, com organização e prefácio de E. Bonavena. Graças a esse trabalho podemos aquilatar o texto de Félix Machado cuja ação se desenvolve em Luanda e tem como personagens os membros da família de um negreiro, focalizados a partir de um estilo realista. Mário Antônio, que realiza um estudo minucioso sobre o livro, afirma ser o mesmo

---

7 Advogado em Luanda e em Benguela, o autor chegou a exercer funções interinas de delegado do Ministério Público e de professor (ensinando gratuitamente em sua casa na Ilha de Luanda).

> (...) um painel realista da sociedade angolana posterior à abolição da escravatura por disposição legal de 1875, quando os objetos da mesma passaram à situação de libertos, com larga crítica social aos vícios do sistema. Além desse plano social, é de recorte realista, por vezes naturalista, o traçado das personagens do romance, a justificação do seu comportamento não sendo o menor contributo para o realismo que procura, do ponto de vista a sua isenção social, seguindo a regra do escritor onisciente e onividente que narra tudo com a posição de alteridade conveniente, uma leitura mais atenta deixa ver a sua posição de mestiço, cujos julgamentos pendem sempre para a condenação da violência do homem branco e para ao abençoar da mulher negra, uma e outro identificados ao pai e à mãe. (Oliveira, 1997, p.113)

Já para Bonavena, o texto apresenta tensões formais interessantes, na medida em que

> o título escolhido, *Romance íntimo*, denuncia a sua intenção verlainiana de captar estados íntimos indefinidos e quase imperceptíveis ao tempo, pela utilização do ritmo, da musicalidade da palavra e plasticidades das imagens. A sua prosa é, pois, uma prosa contaminada pela poesia. Só que na poesia ele é um parnasiano radical quando escreve sonetos (menos no verso livre), enquanto na prosa ele é um realista social convicto. (Bonavena, 2004, p.25)

Vale a pena transcrever dois pequenos trechos do romance, a fim de verificarmos como se organizam os elementos que Mário Antônio e Bonavena apontam:

> Por detrás da Igreja do Carmo, situada em um dos pontos mais altos da cidade – encostada à parede do altar-mor, era a enxovia do quartel da polícia e nas grades da porta dela, amarravam-se os desgraçados que os patrões, sem outra formalidade mais do que a requisição do castigo, mandavam para ali, a fim de serem flagelados desapiedadamente, mediante o pagamento de uns tantos réis por cada açoite!
> E já isto era um grande passo para a civilização, porque evitava os abusos que os donos dos escravos praticavam, quando se castigavam em casa o que nesta época era proibido. (Machado, 2004, p.68)

(...)

Os libertos do Senhor Andrade arreganhavam uns para os outros sorrisos de contentamento, porque, desde a cena violenta com a filha, não foi aplicado o castigo corporal a nenhum deles – o que era com efeito caso digno de excepcionais congratulações; pois quando o dono da casa andava menos preocupado, a retalhada doméstica sentia-lhe a bengala marcando-lhe muito energicamente nas costas, os compassos do hino do trabalho. (Machado, 2004, p.90)

Ao selecionarmos os trechos, procuramos mostrar duas facetas do texto, já que ambos, ainda que focalizem um mesmo assunto – os castigos corporais a que estavam submetidos os libertos – apresentam tratamentos diferenciados da matéria. No primeiro deles, verifica-se um pendor documental do relato, na medida em que uma linguagem com forte carga referencial explora o espaço de forma realista, localizando-se minuciosamente a enxovia em que são infringidos os castigos, o pagamento que é feito aos soldados e os desdobramentos legais do ato, confirmando, sob esse particular, os juízos críticos de Mário Antônio ("um painel realista da sociedade angolana posterior à abolição da escravatura por disposição legal de 1875").

Já no segundo trecho escolhido do romance, verifica-se que um foco narrativo privilegiando os libertos, alia-se à ironia, acabando por revelar de forma mais poderosa que no primeiro caso a vida dos ex-escravos e as pancadas a que estão submetidos cotidianamente. A notar ainda, na senda do que aponta Bonavena, o apuro dos termos escolhidos.

Como se verifica, o texto de Pedro Félix Machado dedicar-se-á a um dos momentos mais importantes da vida luandense, o qual marcaria seus desdobramentos futuros.

Segundo Manuel Ferreira (1986),

(...) segmentos dessa narrativa são fundamentais para a compreensão das estruturas da sociedade angolana coeva, com destaque para o capítulo III, p. 28-37 que nos remete para o tráfico de escravos, o que por si só a valoriza, tão escassamente esta questão nos é revelada em textos ficcionais da época, para não dizermos inexistente. (Ferreira, 1986, p.51-2)

Esse momento de passagem de Luanda – de uma cidade ainda ligada ao passado do tráfico para a modernização – ocorre em fins do século XIX e início dos anos 1900. A noveleta intitulada *Nga Muturi*, publicada em folhetins, marca também uma das faces desse processo de mudança.

Alfredo Troni, seu autor, apesar de ter nascido em Portugal, mais precisamente em Coimbra, passou a maior parte de sua vida em Luanda, onde faleceu em 1904. Foi nessa cidade, ainda, onde fundou e dirigiu os periódicos *Mukuarimi* (o falador, em quimbundo), *Os Conselhos do Leste* e o *Jornal de Luanda*.

Nga Muturi (Senhora viúva) foi publicada em folhetins na imprensa de Lisboa em 1882 e só em 1973 teria uma segunda edição. O texto conta-nos a história de uma menina negra que transita da condição de escrava (buxila) a concubina de comerciante branco para finalmente ascender à condição de Nga Muturi com a morte deste. O início da novela se dá "numas terras muito longe", onde se localizam os parentes e decorre a infância da personagem protagonista para em seguida focalizar a vida da personagem em Luanda. Cidade onde

> Como num rito de passagem, ela se despede de seus hábitos clânicos, desfazendo-se do penteado e das vestes de sua longa viagem de entrega. E, assim, envolve-se num processo progressivo de antropofagia cultural, na medida em que vai sendo culturalmente tragada pelo homem-civilização branca que se atravessa no seu caminho. A estória assinala os lances da assimilação que acabam por levar Nga Muturi a rezar em mbundu, a achar que a terra do rei de Portugal, "Muene Putu", é muito melhor que o mato, a pagar seus impostos e a viver de juros...
> (Santilli,1985, p.10)

Nessa obra, Luanda é focalizada como local em que a colisão de culturas deixa espaços de desgaste ou instaura os de sincretismo (Santilli, 1985, p.11). A ausência de topônimos auxilia na constituição de um retrato mais "social" que geográfico de Luanda, oportunizando que seja focalizada uma cidade comandada pelos comerciantes brancos, mas com a presença de negros que, em razão de uma melhor situação social, convivem com aqueles, o que acaba por diminuir as distâncias sociais:

> Nga Ndreza (nome que tem na sociedade de Luanda, uma sociedade onde só avultam os panos, sim, mas que guarda um certo número de conveniências) afirma que é livre, que foi criada em Novo Redondo, e pertenceu à família de F...; e quando muito, cala-se quando lhe perguntam se é *buxila*.
> Também ninguém faz questão disso já. E que a fizesse! Ela, à força de afirmar que não foi escrava, esqueceu-se de [não] ter sido sempre livre. E contudo quando se senta à porta da casa com a face fincada entre os joelhos apertados pelos braços seguros pelas mãos enclavinhadas, nas noites de luar quentes e sossegadas, e cujo silêncio é só quebrado a espaços pelo seco bater, na areia da rua, dos pés dos gingamba que carregam uma machila, ou pelos gritos estridentes das molecas da vizinhança que apregoam ruidosas *bonzo – ni massa – ia temá, temá, temá*; então – ao ver na casa fronteira o vulto da pequena vendedeira, destacando na sombra do corredor pela luz avermelhada da candeia de azeite de palma –, tem uma vaga recordação de outros tempos passados numas terras muito longe, de onde a trouxeram quando era pequena.
> (Troni,1985, p.17-8)

O tom irônico do narrador, que traça a trajetória de uma mulher de panos na sociedade luandense dos fins do século XIX, dá-nos o retrato de uma sociedade em que as diferenças são acomodadas ("também ninguém faz questão disso já") e na qual há "noites de luar quentes e sossegadas".

De certa maneira, é o mesmo retrato do passado de uma Luanda de convivência que nos fornece o conto de Luandino Vieira intitulado "Vavó Xixi e seu Neto Zeca Santos", de *Luuanda* produzido muitos anos depois de *Nga Muturi*.

No texto, cuja ação se passa no musseque luandense dos fins dos anos 60, uma mais-velha recorda seu passado tentando esquecer o presente de fome e pobreza:

Mas essas idéias, aparecidas durante o sono, não querem lhe deixar, agarram na cabeça velha, não aceitam ir embora, e a lembrança dos tempos do antigamente não foge: nada que faltava lá na casa, comida era montes, roupa era montes, dinheiro nem se fala...? Continua ali a morder-lhe, mesmo agora, não sendo mais dona Cecília Bastos Ferreira. E vavó não resiste, não luta; para quê? Deixa esses farrapos das coisas antigas brincarem na cabeça, porém pena, tristeza; continua só repetindo baixinho, parece que dar sua desculpa em alguém:
– É a vida!... Deus é pai, não é padrasto. Deus que sabe!... (Vieira, 1982, p.16)

Dona Cecília Bastos Ferreira era esposa de comerciante mulato e conhecida por toda a comunidade, com criadas e moças aprendizes no preparo de doces e costura. O respeito obtido na sociedade media-se pelos cumprimentos respeitosos à mulher negra "de pele brilhante": até o "branco Abel, malandro empregado da Alfândega, que chega, respeitador, e interesseiro, para beijar a mão negra (...)..." (Vieira, 1982, p.15). Mas a narrativa faz questão de ressaltar que os tempos mudaram, o que transformou dona Cecília em Nga Xixi Hengele, moradora de uma cubata miserável no musseque.

Sob esse particular, vale recordar que, na mesma senda, temos o um clássico da poesia angolana, o poema "Sô Santo", de autoria de Viriato da Cruz, o qual, a partir de um diálogo entre uma criança e seu avô, desenha a figura de um homem negro outrora poderoso e que no presente nada mais possui:

Sô Santo

Lá vai o sô Santo...
Bengala na mão
Grande corrente de ouro, que sai da lapela
Ao bolso... que não tem um tostão.

Quando o sô Santo passa
Gente e mais gente vem à janela:
– "Bom dia, padrinho..."

– "Olá..."
– "Beca compadre..."
– "Como está?..."
– "Bom-om di-ia sô Sasaaanto..."
– "Olá, Povo..."

Mas por que é saudado em coro?
Por que tem muitos afilhados?
Por que tem corrente de ouro
A enfeitar a sua pobreza?...
Não me responde, avô Naxa?

– "Sô Santo teve riqueza...
Dono de musseques e mais musseques...
Padrinho de moleques e mais moleques...
Macho de amantes e mais amantes,
Besa-nganas bonitas
Que cantam pelas rebitas:

(...)

Lá vai...
Descendo a calçada
A mesma calçada que outrora subia
Cigarro apagado
Bengala na mão...

... Se ele é o símbolo da Raça
ou vingança de Sandu...
(Cruz, 1991, p.13)

Os ventos da mudança vieram céleres e, sob esse particular, um volume de textos pode nos informar sobre essas mudanças. Referimo-nos ao *Voz de Angola clamando no deserto*, publicado em 1901.

Trata-se de obra coletiva, publicada sob anonimato, mas com a participação, historicamente provada, de 11 intelectuais da época: Antonio José do Nascimento, Paschoal José Martins, Francisco das

Necessidades Castelbranco, Mário Castanheira Nunes, Carlos Saturnino, Augusto Silvério Ferreira, Carlos Botelho de Vasconcelos, José Carlos de Oliveira Nunes, Eusébio Velasco Galiano Júnior, João de Almeida Campos e Apolinário Van-Dúnen. O móvel da publicação foi um artigo racista (intitulado "Contra a lei, pela grey") publicado no jornal *Gazeta de Loanda* de 26 de março de 1901 que propunha, entre outras mudanças na lei, a imposição de castigos corporais aos negros infratores e a criação de duas justiças: uma para brancos e outra para negros.

Segundo a "Advertência" do volume, datada de Luanda, 13 de maio de 1901,

> Os primeiros oito artigos representam a torrente de opinião unânime contra as apreciações banais do pirilampo, que corisca no espaço escuro das multidões charras.
> É a triaga contra a baba corosiva do verme; o mais que se segue são artigos, discursos, relatórios, etc., extraídos de muitos trabalhos literários, publicados em diversas épocas sobre o assunto. (Vários, 1984, p.9)

A resposta dada pelos intelectuais foi articulada rapidamente e os vários artigos, vazados em um português culto, respondem com a mesma dureza àquela provocação racista, como se pode observar, por exemplo, no artigo "Ex digito gigas":

> (...) vai aplicando emulsões de chicote ao preto, que, diz ele, não trabalha; este que lhe tira o ventre da miséria, porque lá em Portugal meia broa não tinha para comer; o preto, que lhe enche as algibeiras com o que se compram os melões, quando, já por lá, começava com uma solicitude cobiçosa a aproximar-se às montras dos estabelecimentos em Lisboa, onde esteve quase a resvalar para o abismo; não é decente que faça ostentação do frangalho de sua reputação na terra de pretos, que ele não manda à escola – isso, está-se nas tintas; seria um perigo à sua afinada dignidade moral – o preto viria de lá fino, como azougue, a querer indagar e descobrir em que espelunca restejou ele a vida, quais os mestres celerados, de quem hauriu tanta malvadez e parvoiçadas, que o recomendam à hilariedade pública. (Vários, 1984, p.60)

Como se vê, trata-se de contrapor de forma bastante dura colonizador a colonizado, em uma linguagem próxima daquela que Albert Memmi, muitos anos depois, usaria em *O retrato do colonizador precedido do retrato do colonizado*, demonstrando que, apesar de algumas contradições, os homens que se articularam em redor do *Voz de Angola clamando no deserto* tinham em seu horizonte de expectativas uma análise precisa do sistema colonial de dominação.

Segundo entendemos, a importância desse conjunto de textos advém do fato de sinalizar, de forma bifronte, os estertores dos velhos tempos em que uma elite crioula é capaz de articular-se a fim de dar uma resposta – no mesmo campo intelectual – a seus detratores, ao mesmo tempo em que sinaliza que o tempo do "ninguém faz questão disso" de que nos falava *Nga Muturi* já tinha se esgotado.

A respeito das contradições a que nos referimos, vale lembrar o que observou Pepetela em um texto apresentado na União dos Escritores Angolanos na "maka" do dia 6 de junho de 2003:

> Estes intelectuais de facto advogam os valores da democracia e uma larga autonomia para Angola, senão a independência. (...). De qualquer forma se pode detectar nalgumas vozes uma certa ambigüidade, pois enquanto reclamavam a maior liberdade para as populações urbanas e o fomento das suas actividades e enriquecimento, ao mesmo tempo apoiavam as campanhas militares dos portugueses para subjugarem os reinos livres do interior e consideravam as populações rurais não civilizadas e necessitando urgentemente de serem instruídas à força. Explica-se essa posição ambígua de alguns dos nossos intelectuais em relação às populações do interior pelo facto de esta elite ser representativa de uma classe média que tinha beneficiado da sua posição de intermediária na situação colonial, uma espécie de sub-administradores e sub-empresários africanos agindo em nome dos verdadeiros administradores e empresários coloniais.

Ou seja, ainda que contraditório, o projeto daquela classe urbana havia se esgotado e uma nova sociedade luandense, muito mais separatista, estava celeremente a caminho, como aponta Rita Chaves:

O episódio, longe de ser apenas um acidente de percurso, dava o tom das tensas relações que o ambiente social ia gerando. As contradições tornavam-se ainda mais agudas na medida em que a política colonial ia bloqueando maiores possibilidades de ascensão a camadas dessa pequena burguesia africana. (Chaves, 1999, p.41)

Sob esse particular, não causa espanto que Viriato da Cruz, aos enunciar os objetivos do movimento literário que marcaria a consolidação efetiva do sistema literário angolano – o "Vamos descobrir Angola!" – trace paralelos com os intelectuais a que vimos nos referindo:

Queremos reavivar o espírito combatente dos escritores e africanos dos fins do século XIX, de Fontes e dos homens que compuseram "A voz de Angola clamando no deserto!". (Cruz apud Andrade, 1975, p.6)

Luanda preparava-se para ser palco de um outro momento em sua trajetória de cidade colonizada.

5
A CIDADE REAFRICANIZADA

Vale a pena relembrar que o ambiente urbano se constitui como um aglomerado de signos em que texturas, sons, tamanhos, cores e cheiros atuam paradoxalmente juntos e dispersos, transformando-se em suporte de representações, de imagens, significações e desejos. Assim, a "fala" de cada cidade articula-se a partir de uma semiose singular, de tal forma que os produtos ali produzidos (de sua arquitetura à literatura) podem ser lidos também como seus desejos e medos. Sob esse particular, Ítalo Calvino afirma:

> As cidades, como os sonhos, são construídas por desejos e medos, ainda que o fio condutor de seu discurso seja secreto, que as suas regras sejam absurdas, as suas perspectivas enganosas, e que todas as coisas escondam uma outra coisa (...) De uma cidade, não aproveitamos as suas sete ou setenta e sete maravilhas, mas a resposta que dá às nossas perguntas. – Ou as perguntas que nos colocamos para nos obrigar a responder, como Tebas na boca da Esfinge. (Calvino, 1995, p.44)

É, pois, numa tentativa de uma "arqueologia de aspirações e receios", e de algumas "perguntas que nos colocamos" que procuraremos flagrar, nesse capítulo, a arquitetura da Luanda construída ao longo de aproximadamente cinqüenta anos na literatura angolana, sabendo dos riscos dessa trilha, pois o factual está sempre a espreitar e, não raro, a perigosamente seduzir-nos. Ousamos, no entanto, encetar a caminhada, buscando "ler" a cidade de Luanda por meio de textos literários que a tomaram como cenário privilegiado. Antes, porém, visitemos rapidamente outras cidades-símbolos para a resistência na África.

Outras cidades: Paris, capital da negritude

Paris é, sem dúvida, a cidade que maior sedução exerceu sobre escritores, pintores e escultores. A quantidade de representações da cidade em texto e imagem é tão volumosa e paradigmática no cenário das artes ocidentais, que Caillois, ao referir-se à obra de Balzac, chega a identificar a existência de um "mito de Paris" (Caillois, 1993, p.9) o qual conformaria o imaginário sobre a cidade de modo a representá-la sedutoramente como o centro do mundo moderno.

É essa cidade, também, que Walter Benjamin vai definir como a "capital do século XIX" com suas ruas repletas de pessoas, as galerias e o poeta que a perspectivou em toda a sua vida e contradição: Baudelaire. Conforme já nos referimos anteriormente, Benjamin, infelizmente, deixou de apontar uma outra face da Paris daquele momento: a de metrópole de um grande império colonial na África.

Na perspectiva em que nos colocamos, interessa-nos especialmente a Paris esquecida por Benjamin, mas que congregou, nos fins dos anos 30, as vozes que por tanto tempo estiveram caladas na África, e que começaram a se fazer ouvir.

Era o surgimento do movimento da Negritude a partir do encontro de Senghor, Damas e outros estudantes colonizados que, na metrópole, descobrem a abrangência e unidade de seus problemas e se recusam à política assimilacionista dos colonizadores. Surgem assim as revistas *Légitime défense* (1932) e *Etudiant noir (1934), cujo* grupo idealizador, tinha à frente Aimé Césaire (martiniquense), criador da palavra *negritude*, Léon Damas (guianense) e Léopold Sédar Senghor.

Conforme nos lembra Elisalva Madruga,

(...) o movimento, conforme indica o próprio nome, terá como proposta básica a reafirmação do ser negro, de sua cultura, de sua tradição. Ainda que duramente criticada por fornecer, posteriormente, subsídios ideológicos para uma política neocolonizadora, devido, sobretudo, à posição integracionista de Senghor com sua franconfonia, a Negritude enquanto movimento de caráter cultural foi de fundamental importância para o processo de afirmação do negro. (Madruga, 1998, p.62)

Cumpre lembrar que, antes dos anos 30, outras manifestações no mesmo sentido de revalorização do negro ocorreram, como o Primeiro Congresso Pan-Africano de 1900 em Londres, ou, nos anos 20 e início dos 30, nos Estados Unidos da América, o Harlem Renaissance, o primeiro grande movimento de afirmação da cultura negra americana e que revelou vários talentos em todas as áreas – na literatura, no teatro, na música, na dança e na pintura.

No entanto, é em Paris que o movimento se cristaliza no Quartier Latin, espalhando-se a toda a África Negra e às Américas.

Paris torna-se, destarte, espaço de difusão das idéias da negritude, o canal que possibilitaria a propagação de um novo modo de encarar o colonizado, abrindo portas para que deixasse de ser vista apenas como o paradigma europeu – e, portanto, desejável – das cidades d'África.

Nos países africanos de língua portuguesa, os ecos da Negritude francesa seriam mais débeis e atrasados que em outras então colônias africanas. Não se pode negar, contudo, que eles existiram, como o demonstra Pires Laranjeira em *A negritude africana de língua portuguesa* (1995):

(...) em um ambiente de efervescência cultural a Negritude aparece em Luanda, de acordo com Antonio Jacinto só no começo de 1952, ou talvez desde 1950, quando Mário de Andrade, em Lisboa, ofereceu e dedicou a antologia de Senghor a Viriato da Cruz, a viver em Angola". Em *Mensagem* saem dois poemas de Noémia de Souza – "Sangue negro" e "Negra". Poemas esses com "nítida intencionalidade negrista, negróide determinando a irrupção da Negritude naquela latitude". (Laranjeira, 1995, p.100, 107)

Havia, no entanto, a necessidade de fazer explodir o edifício colonial para que efetivamente se calasse a voz do "dono" e se fizesse ouvir o real dono da voz. Sob esse aspecto, ainda que Paris tenha sido importante para reflexão e protesto contra o império, será a cidade colonial africana a arena em que se dará a batalha decisiva contra o colonialismo, pois é na cidade colonizada que as contradições são exacerbadas ao máximo e, portanto, o terreno será fértil às mudanças.

A cidade da liberdade

Nos fins da década de 1950, Argel surge como o modelo acabado de rebelião e resistência ao colonialismo, com o início oficial da guerra de libertação em 1954 e a criação da Frente de Libertação Nacional (FLN). Paulatinamente o "bairro indígena" invade a "cidade dos brancos" e a luta pela liberdade dos colonizados se faz desesperadamente. Como resultado, a independência da Argélia em 1962, após uma luta sangrenta.

Na África Austral, outra cidade iria se impor como paradigma na luta pela libertação em África: Luanda. A 4 de fevereiro de 1961 desencadeia-se, no assalto dos nacionalistas às prisões da Pide, a luta armada contra o colonialismo em Angola. A reação da força policial é violenta e volta-se principalmente contra os musseques, segundo o Comunicado do MPLA em Londres datado de 10 de fevereiro de 1961:

> Mais de 56 Africanos foram mortos a tiro, centenas feridos e mais de 300 presos em Luanda e nos seus subúrbios depois das violências de 4 e 5 de Fevereiro, informa uma testemunha ocular que chegou terça-feira, dia 7 de Fevereiro a Lisboa, vinda de Luanda.
>
> Apenas 7 Africanos foram mortos durante o ataque à prisão e ao posto de polícia. Depois do ataque, a polícia e tropa com armas Sten, e

portugueses brancos com varas de ferro começaram a bater e a disparar indiscriminadamente nos Africanos que encontravam nos musseques de Luanda. No domingo, dia 6 de Fevereiro, quando a testemunha ocular deixou Luanda, já tinham sido contados 49 corpos de Africanos mortos, centenas de feridos e mais de 300 presos. A situação está tensa em Angola. A polícia e o exército controlam os movimentos dos Africanos nas encruzilhadas das estradas e nos caminhos de ferro. As informações recebidas da Guiné portuguesa indicam que cerca de 20 Africanos foram presos a 21 de Janeiro. (Lara, 1998, p.427)

Luanda torna-se assim o emblema da resistência que se poderia chamar de heróica, ao sul do Saara: o espaço onde toma forma o anseio de libertação do jugo colonial. Será em Luanda que ecoarão as palavras de ordem do Movimento Popular de Libertação de Angola – MPLA – que levaria, a 11 de novembro de 1975, após longos anos de guerra, o país à independência. Será por entre as ruas tortuosas de seus bairros pobres de colonizados, os musseques, que se revelará a resistência dos nacionalistas, como lembra o Comandante Jika:

A luta começou na cidade. Até 1961, as cidades eram os centros de atividade nacionalista; era onde a presença do colonialismo era mais contestada; era onde, através das associações culturais, sociais, desportivas, se conduzia uma ação política que visava à libertação de nosso povo. (Jika, 1979, p.72)

Não causa espanto, portanto, que os autores angolanos, ao forjarem um modelo histórico e nacional-lingüístico para a nascente literatura de seu país, escolhessem Luanda como emblema da luta pela liberdade e dignidade do homem colonizado, tornando os musseques a base sobre a qual as imagens de resistência e identidade nacional seriam geradas.

Essa cidade revela-se, por conseguinte, signo altamente expressivo, ideologicamente marcado na ficção angolana do período da guerra de libertação, transformando-se em base organizadora da construção de uma 'imagem do mundo' – de um completo modelo ideológico, característico de um dado tipo de cultura. (Lotman, 1978, p.361)

Os caminhos da denúncia e da liberdade

Ainda que em outros momentos a cidade de Luanda esteja representada na literatura de/sobre Angola (como, por exemplo, em *Nga Muturi*, de Alfredo Troni, conforme já examinamos), será nos fins dos anos 50 e inícios dos 60 que a capital de Angola será o cenário por excelência dos textos angolanos. Nesse momento, verifica-se o esforço efetivo e coletivo dos escritores no sentido de dar forma artística a um projeto nacionalista que iniciava sua organização política e ao qual aqueles autores, como militantes ou simpatizantes, estavam ligados.

A materialização artística do projeto nacionalista redundará na criação de um novo espaço ficcional na literatura do país. É dessa maneira que, insistentemente na ficção angolana a partir desse momento, as marcas do imaginário urbano recriado conformam os textos. Luanda surge, assim, como uma cidade cuja "fronteira do asfalto", a dividir os bairros da Baixa e os musseques – conforme se verifica em numerosos textos, como, por exemplo, em "A fronteira do asfalto", conto de Luandino Vieira presente em *A cidade e a infância* (1977), ou em *O relógio de cafucôlo* (1987), de David Mestre – marca os contornos da periferia, a qual os textos preferencialmente focalizarão. E essa cidade tem cores, o ritmo, sobretudo das canções angolanas entoadas pelo Ngola Ritmos[1] e a sombra de mandioquei-

---

1 O Ngola Ritmos surge nos fins dos anos 40 a partir do desejo de seu fundador, "Liceu" Vieira Dias, de estabelecer uma Escola de Samba (Macedo, 1989, p.6). Com um repertório que deu ênfase às músicas de origem popular recriadas a partir de novos acordes e mescla de ritmos, o conjunto é responsável por sucessos como *Mbiri Mbiri* e *Muxima*, apenas para citar dois clássicos do cancioneiro popular angolano. O conjunto viria a sofrer várias vicissitudes com a prisão do mesmo Liceu e de Amadeu Amorim – enviados para o campo de concentra-

ras, mafumeiras e cajueiros. Assim, toda uma cidade da escrita, com sua geografia, na qual se salienta o musseque Sambizanga (o famoso Sambila, "capital das conspirações" nacionalistas) dentre os bairros principais, suas condições atmosféricas, economia e o ambiente de repressão cruel do colonialismo são dados ao leitor que se aproxima dos textos.

A cidade assim re (a) presentada também tem seus habitantes, e eles são principalmente trabalhadores exemplares como o cobrador do texto "Uma rosa para Xavier José" (1980), de Jofre Rocha, ou ainda a lavadeira Josefa, do conto "Maximbombo do Munhungo" (1981), de Arnaldo Santos, apenas para citar dois exemplos de uma ampla galeria de "serventes, operários, caixeiros e funcionários, banhados de sol, molhados e chuva e de cacimbo", que habitarão a Luanda da escrita, como aponta Antonio Cardoso em *Baixa e musseques* (1985).

Temos, destarte, a partir dos autores angolanos do período um grande painel em cujo centro está o musseque[2], o bairro suburbano que é nesse momento a "cidade do colonizado" para usarmos a terminologia de Fanon. Sobre os musseques Pepetela nos informa:

> A palavra originariamente significava a areia vermelha, comum nesta região. E os agrupamentos de cubatas, no centro da cidade; eram designados por bairros ou sanzala. A um momento dado, os conjuntos de palhotas ou casebres no alto das barrocas ganham o nome da areia sobre o qual são construídos e musseque passa a designar um espaço social, o dos colonizados, vítimas colocadas à margem do processo urbano. O musseque torna-se, pois, o espaço dos marginalizados que servem de reserva de mão-de-obra barata ao crescimento colonial. (Pepetela, 1990, p.103)

ção do Tarrafal – e a transferência de Euclides Pereira (o Fontinhas) e de José Maria. Foram também integrantes do conjunto: Nino Dongo, Gégé, José Maria dos Santos, Xodó, José Cordeiro, Belita Palma e Lurdes Van-Dunem.

2 Lembre-se de que musseque inicialmente designava os terrenos agrícolas arenosos situados fora da orla marítima, passando mais tarde a nomear os bairros pobres situados nas franjas da cidade de Luanda.

Segundo entendemos, o "dado momento" a que se refere Pepetela no texto acima, se dá nos fins dos anos 40, quando ocorre o "boom" do café e com isso Luanda, cujo porto é a via de escoamento de uma das maiores riquezas de Angola naquela quadra, recebe o impacto da modernização e sua população negra é deslocada cada vez mais para longe da "Baixa", o centro urbanizado, branco e próximo do mar. A "elite crioula" é definitivamente apeada do poder já que um número crescente de metropolitanos chega à cidade e toma os melhores postos de trabalho e as melhores terras.

É esse impacto sofrido por Luanda que a literatura nacionalista registrará em suas páginas. O movimento de registrar e denunciar as injustiças dessas mudanças realiza-se, sobretudo, a partir de duas vertentes: em uma delas ocorre a denúncia da situação cotidiana do negro e as humilhações pelas quais ele passa. É o que temos, por exemplo, em um trecho de *A vida verdadeira de Domingos Xavier*, de Luandino Vieira, em que Xico João, um revolucionário (sem deixar de ser grande farrista), presencia um operário ser ofendido no ônibus em que entrara, apenas porque tinha a roupa suja de cal e tinta de parede:

> O motorista até já tinha espreitado, resmungando qualquer coisa. O operário, pedreiro ou caiador, trazia o fato coberto de nódoas de cal e os seus pés se escondiam nuns velhos quedes. Assim como estava, o cobrador achava que ele não podia viajar. Duas senhoras brancas concordaram, acrescentando que qualquer dia nenhuma pessoa decente podia andar nos maximbombos por causa o cheiro dos negros. (...)
> Xico João já tinha visto muitas cenas destas. Todos os dias, em todos os sítios, era o pão quotidiano de todos os irmãos. Mas muito embora ensinado por Mussunda, sempre não podia ver essas conversas sem uma vontade de tomar a defesa do irmão ofendido e insultado, só mesmo com muito custo refreava o impulso natural contra injustiça de que era espectador. Por isso se virou na frente, fugindo no olhar das duas senhoras que lhe miravam e procurou concentrar novamente nos seus problemas. Sabia que se ia falar, na discussão ia nascer com certeza a pancada e daí a polícia e a prisão durante dias ou

semanas. Porque justiça da polícia é justiça de quem manda, ele e o operário iriam de certeza para a prisão. (Vieira, 1977, p.62)

Uma outra vertente recorre ao "antigamente" da cidade, como forma de, contrapondo passado a presente, denunciar as injustiças que acompanharam as mudanças de Luanda. Trata-se, aqui, da *evocação* de um tempo mais feliz e não necessariamente de um sentimento saudosista, simplesmente. Trata-se de uma quase convocação do passado para acusar as carências do presente. Um texto paradigmático é o livro de contos *A cidade e a infância*, do mesmo Luandino Vieira. Redigido entre os anos de 54 e 57, o livro, composto por três estórias ("Vidas", "A morte de um negro" e "Encontro de acaso") foi apreendido pela polícia política em 1957, na própria gráfica em que era rodado. Mais tarde, em 1961, um outro livro, composto de dez contos, seria publicado pela Casa dos Estudantes do Império com o mesmo nome.

A narrativa que dá título ao livro é exemplar no que concerne à focalização do antigamente de uma Luanda em que

> Moravam numa casa de blocos nus com telhado de zinco. Eles, a mãe, o pai e a irmã que já andava na escola. Aos domingos havia o leilão debaixo da mulemba grande ao lado da fábrica de sabão e gasosas.
> Hoje muitos edifícios foram construídos. As casas de pau-a-pique e zinco foram substituídas por prédios de ferro e cimento, a areia vermelha coberta pelo asfalto negro e a rua deixou de ser a Rua do Lima. Deram-lhe outro nome.
> (...) Ali cresceram as crianças. Ali o pai arranjou o dinheiro com que anos mais tarde, já eles andavam na escola, comprou a casa no musseque Braga. Casa de zinco com grande quintal de goiabeiras e mamoeiros. Laranjeiras e limoeiros. Muita água. Rodeado de cubatas capim e piteiras, era assim o musseque Braga, onde hoje fica o luminoso e limpo Bairro do Café. (Vieira, 1978, p.103)

A questão da evocação do passado e/ou da tradição irá se colocar também em outros textos. Dentre eles, destacamos um conto publicado não em Luanda, mas na metrópole, pela Casa dos Estudantes do Império, em 1961, intitulado "Náusea", de autoria de Agostinho Neto. O conto apresenta-nos como personagem-protagonista o velho João, trabalhador humilde e morador do musseque que vai visitar sua família na ilha de Luanda. É curioso notar que na descrição do reencontro da personagem com o espaço de sua infância, que ocupa a parte inicial da narração, tem-se o ambiente marítimo dado somente por meio de metonímias: "sombra dos coqueiros", "areia quente da praia", e "uma ou outra onda mais comprida", como se o vocábulo MAR devesse ser evitado. Na verdade, ele só ganhará substancialidade quando o velho morador do musseque tomar a palavra: "O mar. Mu'alunga!", para acrescentar: "O mar. A morte. Esta água salgada é perdição". A seguir, o texto enumera as mortes de pescadores da família e de amigos do velho João que se afogaram, como espécie de prova dos malefícios trazidos pelo mar. Ocorre, porém, que a esfera da individualidade alarga-se quando, por meio do "discurso citado antecipado e disseminado" (Bakhtin, 1981, p.167) a voz narrativa organiza e abrevia o conteúdo dos pensamentos do velho João, propiciando que as queixas da personagem sejam ampliadas com as lentes do discurso dos marginalizados dos portos em face da chegada das caravelas:

> Kalunga. Depois vieram os navios, saíram os navios. E o mar, é sempre Kalunga. A morte. O mar tinha levado o avô para outros continentes. O trabalho escravo é Kalunga. O inimigo é o mar." (Neto, 1980, p.25).

Cremos que essa última imagem é bastante significativa do que acima afirmávamos: o mar é aqui identificado aos navios e às desgraças da colonização, entre as quais avulta o tráfico negreiro e, portanto, é caracterizado como Inimigo: "não conhece os homens. Não sabe que o povo sofre. Só sabe fazer sofrer" (Neto, 1980, p.27).

A equivalência do mar à desgraça é operacionalizada, na esfera das expectativas da personagem, como fatalidade contra a qual não ela pode lutar, apenas enojar-se; mas, levando em conta que a náusea é também a expressão da revolta do colonizado, é possível realizar uma leitura em que a consciência possível do velho João é ultrapassada, vislumbrando as possibilidades de uma mudança da situação. Tendo em vista a eloqüência do texto e o papel seminal desempenhado por Agostinho Neto na formação do sistema literário angolano, causa espécie verificar que o mar, como imagem privilegiada, não mais tenha destaque na ficção de Angola até os anos 90. Ainda que os traços constitutivos de velho João tornem-se matrizes de construção de numerosas personagens de narrativas produzidas entre os anos 60 e 80, como a velha quitandeira Nga Palassa (Jofre Rocha), vovô Petelu e vavó Xixi (Luandino Vieira) ou vavô Bartolomeu (Antônio Jacinto), os contos, novelas e romances realizados nesse período focalizarão apenas os musseques de Luanda, voltando as costas para o oceano.

A questão da Náusea apresentada pelo texto de Agostinho Neto nos faz aproximá-lo de uma outra narrativa, produzida cerca de 30 anos depois e que guarda algumas semelhanças e muitas diferenças com o texto de Neto, assim como a Angola proposta naquela quadra transformou-se em uma nação bastante diferente do imaginado. Referimo-nos a "O elevador" (*Filhos da pátria*, 2001), de João Melo. Assim como no conto dos anos 60, o protagonista é um mais-velho que se desloca para uma visita. A diferença é que ele se encontra não com um parente, mas com um velho conhecido, Soares Manuel João (apelidado "Funje com Pão"), que fora guerrilheiro durante a luta de libertação e hoje, após "abater"[3] algumas empresas do estado, é um homem bem-sucedido. Durante toda a narrativa, que tem uma focalização cambiante (já que ora se trata de um narrador onisciente intruso, ora é a visão do protagonista), questiona-se a moral de Soares Manuel João, e, inversamente, se enaltece o caráter do mais-velho Pedro Sanga. O final do conto é surpreendente, pois o leitor toma conhecimento que as duas personagens acabam de realizar um ne-

---

3 A expressão significa aqui a privatização de bens públicos realizada a partir de empréstimos, concedidos em condições privilegiadíssimas aos "empresários", pelo próprio Estado.

gócio que envolve uma grande soma oriunda da corrupção. A seqüência final, entretanto, retoma, de certa forma, a integridade do mais-velho ao apresentar o motivo da náusea, como no texto de Agostinho Neto:

Do terraço, avistava-se inteiramente, como já Funje com Pão tinha dito a Pedro Sanga, a Avenida Marginal, em toda a sua majestade, e, à frente, a Ilha de Luanda (...) Pedro Sanga teve a estranha sensação de que já tinha estado naquele lugar ou, então, que já tinha passado por uma experiência semelhante. Mas de repente, e antes que pudesse esclarecer essa dúvida, sentiu asco. Apenas teve tempo de correr e agarrar-se a um dos parapeitos do terraço, começando a vomitar sem parar, cada vez mais agoniado. Enquanto o seu vômito se espalhava, ajudado pela brisa, pelas ruas adjacentes (*Sem ninguém reparar*, intromete-se mais uma vez o narrador, apenas para suscitar uma eventual reflexão final), Pedro Sanga mal escutou o Camarada Excelência perguntar-lhe, jocosamente: – *Epá, não me digas que as alturas te fazem enjoar?!* (Melo, 2001, p.29)

Como se pode verificar, a Ilha de Luanda, cenário privilegiado da narrativa de Neto, aqui comparece como espaço importante na medida em que é o horizonte que se descortina ao velho Sanga e de certa maneira – com sua amplitude – cria o desconforto e explicita o mal-estar da personagem.

Talvez pudéssemos estabelecer um paralelo entre os dois mais-velhos, João e Sanga, focalizando o asco que sentem como a única possibilidade de revolta frente aos fatos. A notar, entretanto, que se à personagem de Neto o mar e história da escravidão e de seu povo é que lhe provocam as náuseas e, portanto, apontam para uma negação definitiva de um passado de abjeção e lhe dão uma dimensão épica, no conto de João Melo o vômito do velho Sanga é apenas a manifestação de sua consciência frente ao negócio escuso que acabara de realizar. Não há heróis; apenas uma história de corrupção na qual o mais velho, para sobreviver, acabou por se envolver.

As diferenças entre os dois textos não se fundam, infelizmente, apenas em questões episódicas que os trinta anos decorridos entre a publicação de um e outro propiciariam. Trata-se aqui da confrontação entre um projeto e sua realização, de tal maneira que a utopia expressa no conto de Agostinho Neto – de consciência do povo angolano de sua história de opressão e a conseqüente revolta – acabou por redundar em um cenário de corrupção no qual mesmo os que lutaram pela liberdade (como a personagem Funje com Pão) tornaram-se venais.

Bastante diverso é "As férias do militante", do livro *Nossa vida, nossas lutas* (1975) de Benúdia e cuja ação transcorre um ano após a independência de Angola, quando a utopia de construção de um país mais justo ainda dá a tônica dos sonhos e dos textos. Nesse conto, o mais-velho Domingos Sebastião Pedro, trabalhador exemplar, goza, por indicação da Comissão Sindical da oficina de serralheria em que trabalhara por longos anos, suas primeiras férias. Ocorre, no entanto, que em lugar do descanso, começa a trabalhar dobrado, em razão de passar a fazer parte da Comissão de Bairro que organizará localmente as festividades do vigésimo aniversário do MPLA:

– Ih! Férias de quê? Então, não sabes já como são as férias do MPLA? Bumbando, minha, bumbando. Se o MPLA alguma vez tivesse férias, esta hora não estávamos aqui, com um ano de independência da nossa terra. O Camarada Presidente, esses kotas todos da mata, alguma vez tiveram férias? (Benúdia, s.d., p.13)

O trecho é bastante eloqüente e permite um confronto interessante entre os três personagens mais-velhos das narrativas a que aludimos. No caso do texto de Agostinho Neto, há o sonho que, de certa maneira, é colocado em prática, pela primeira vez, por Domingos Sebastião Pedro, mas que será traído, como aponta a narrativa de João Melo. Vislumbra-se a partir dessas personagens o embate dos projetos levados a efeito pela sociedade angolana, em que a liberdade, a dignidade e o trabalho deixam de ser valores preponderantes.

O conto de João Melo leva-nos a refletir sobre os novos tempos em que tanto os antigos guerrilheiros quanto os mais velhos envolveram-se em negócios escusos.

Os musseques e os habitantes da cidade escrita

Ao examinar a produção dos fins dos anos 50 até os inícios dos 80, verifica-se que em termos quantitativos a ficção tematizando os musseques luandenses, seus habitantes, e seus sonhos é tão expressiva – mais de uma centena de textos – que se pode mesmo falar de uma "prosa do musseque"[4] para designar essa produção.

Assim, por meio da representação literária do musseque como centro da *cidade da escrita*, assiste-se não apenas a uma escolha estética por parte dos produtores culturais, mas também à construção de um completo modelo ideológico, caracterizando uma "imagem do mundo" própria, *nacional*.

A fim de examinarmos os textos dessa Luanda da escrita cujos alicerces são construídos com a argamassa dos desejos dos homens no solo de seu imaginário, optamos por analisar primeiramente as personagens que constituem sua população, já que elas formam uma humanidade com que os leitores de todas as partes do mundo travam conhecimento. Em seguida, percorreremos alguns espaços mais referidos na literatura que tem a cidade-capital como cenário. Iniciamos, pois, com os "habitantes" da cidade re-africanizada.

As mulheres

Para falar das faces do feminino na prosa angolana contemporânea, lembremos a exaltação da poeta e militante política de São Tomé e Príncipe, Alda do Espírito Santo, em texto publicado em 1948 e que nos chega graças ao trabalho *Negritude Africana de Língua Portuguesa* (2000):

---

4 A expressão foi por nós elaborada em nossa tese de Doutoramento intitulada "Da fronteira do asfalto aos caminhos da liberdade (imagens de Luanda na literatura angolana contemporânea)", defendida na Universidade de São Paulo em maio de 1990.

A África entra em mim, fala-me na voz do sangue, transmite-me a história dos filhos da minha raça, dos primitivos canibais, dos escravos e seus longos dramas, desses parias, irmãos meus, antepassados por certo da minha geração. E eu descendo deles. "Fui escrava"... Escrava pela ligação inerente a mim e aos filhos da minha cor... Possuo uma escravidão feita pela força dos acontecimentos, pela projeção da humanidade. (Laranjeira, 2000, p.1)

Os laços referidos pela poeta e construídos a partir do sofrimento gerado por uma história de escravidão e exclusões estabelecem uma relação de pertença à África que, como sabemos, é uma das imagens mais fortes veiculadas pela Negritude, ou seja, a de que a fraternidade de todos os negros tenha como base um reconhecimento de sua matriz, o continente africano simbolicamente transformado em Mama África, de forma a que a terra africana se transforma na mãe fértil que viu partirem seus filhos para a diáspora forçada pelo tráfico de escravos.

Essa imagem da África como a mãe da qual descendem todos os africanos estará presente também na literatura angolana contemporânea, sobretudo na poesia de Agostinho Neto, por exemplo, que em "Adeus à hora da largada", poema que serve de pórtico ao livro *Sagrada esperança* (1995), diz em uma de suas estrofes:

Adeus à hora da largada

Hoje
Somos as crianças nuas das sanzalas do mato
os garotos sem escola a jogar a bola de trapos
nos areais ao meio-dia
somos nós mesmos
os contratados a queimar a vida nos cafezais
os homens negros ignorantes
que devem respeitar o homem branco
e temer o rico
somos os teus filhos
dos bairros de pretos

> além aonde não chega a luz elétrica
> os homens bêbedos a cair
> abandonados ao ritmo dum batuque de morte
> teus filhos
> com fome
> com sede
> com vergonha de te chamarmos Mãe
> com medo de atravessar as ruas
> com medo dos homens
> nós mesmos
> (Neto, 1995, p.9)

O poema, além de desenhar as condições a que estão submetidos os negros africanos dos campos e das cidades, também traz à cena uma homenagem à figura materna, conforme nos lembra Alfredo Margarido:

> Esta evocação possui, algumas vezes, um fundo universal, e a mãe invocada é a mãe de todos os africanos e de todos os negros, alienados pela sociedade branca, pela sociedade do capital; na voz desta mulher infinita, ecoam outras vozes sofrendo no trabalho e libertando-se no trabalho (...) (Margarido, 1980, p.361)

Conforme se pode verificar, aliado à homenagem à mãe, encontramos também no texto de Agostinho Neto o tema da diáspora focalizado a partir da fraternidade propiciada pela Mãe África que acolhe seus "filhos" carentes (com "sede", "vergonha"), africanos de todo o mundo. Sem dúvida, estamos aqui também frente a uma temática cara à poesia da Negritude.

Vale lembrar, contudo, o que aponta Pires Laranjeira no que se refere a diferenças entre a poesia de língua portuguesa e os paradigmas do texto negritudiano:

> Não há, na poesia de Viriato, Neto, Tenreiro, Craveirinha ou Noémia uma África tão suprarreal ou mística como a de Senghor, representando a terra natal de Joal. Neles, a África constitui-se (...), num conjunto de

códigos que, para lá de proporem a significação de uma África (mítica), impõem a ideologia da sua libertação, o que em Senghor não sucedia de modo tão radical e empenhado. (Laranjeira, 1995, p.213)

O empenho dos autores angolanos na libertação de seu país, de certa maneira, condicionou as imagens femininas presentes em sua literatura e, assim, vemos que a Mama África, não raro, cede lugar a imagens femininas menos míticas, mas que, nem por isso, deixam de ser menos fortes ou emblemáticas.

Dessa forma, a ficção angolana, sobretudo no período entre 1950 e 1990, apresentará toda uma galeria de tipos femininos cuja característica básica é o trabalho. Quer como donas de casa (como em "A estória da galinha e do ovo", de José Luandino Vieira), quer como lavadeiras, vendedoras ou prostitutas, as mulheres da ficção da literatura angolana contemporânea caracterizam-se principalmente pela luta incessante pela sobrevivência, por uma profunda ligação à família e aos valores da ética e do trabalho.

São personagens positivas e rompem definitivamente com os estereótipos forjados pelo colonizador sobre a lascívia feminina, a partir de um imaginário em que ganha preponderância a nudez dos corpos e uma suposta libertinagem sexual que substitui a inteligência[5]. Ou seja, a uma visão colonialista de sensualidade exacerbada e embotamento da mulher africana, a literatura dos colonizados irá procurar contrapor, em seus textos, um modelo de trabalhadora exemplar.

---

5 A questão da pretensa sensualidade e da obtusidade da mulher africana é reiterada pelo discurso da Igreja Católica no período colonial, que vê a defesa das tradições efetuada pelas mulheres como forte empecilho à evangelização ("É esta quem oferece maior resistência à evangelização e se opõe mais tenazmente a todo o esforço civilizador. Obcecada pelos preconceitos da raça, da superstição, e com o coração escravizado a um atavismo secular, a mulher indígena é um peso morto contra o qual naufragam belas e arrojadas iniciativas de civilização cristã".). (Gouveira apud Valverde, 1946, p.10)

Quitandeiras

A quitanda.
Muito sol
e a quitandeira à sombra
da mulemba.
– Laranja, minha senhora
laranjinha boa!

Agostinho Neto

As quitandeiras dos romances, contos e novelas angolanos contemporâneos constituem verdadeiros símbolos do trabalho e da sagacidade, já que são responsáveis não apenas pelo equilíbrio da vida familiar, pela economia doméstica, mas também pela educação dos filhos. A força dessa personagem, com o perfil referido, pouco mudou nos últimos cinqüenta anos da literatura angolana. Provavelmente, a quitandeira seja a personagem que, de maneira mais completa, encarna a figura materna, articulando as qualidades míticas da Mamã africana em seus aspectos de defesa da prole e da família. Sempre de idade avançada, vestida com panos (indicando, portanto, na sua vestimenta tradicional o apego às tradições), a quitandeira é, sem dúvida, figura cuja dignidade é inquestionável, mobilizando as forças do imaginário angolano no que se refere às qualidades femininas da mãe provedora e defensora dos filhos.

É dessa maneira que a quitandeira[6] percorre a vida da Luanda da escrita, com a mesma importância que as negociantes dos mercados

---

6 A palavra ainda desperta alguma polêmica: Domingos Van-Dúnem afirma, por exemplo, a respeito de "Kitanda" que, "contrariamente à afirmação de Ana de Sousa Santos, *kitanda* vem do verbo *kutandela* (expor) derivado do substantivo utanda, [sendo] a palavra originária de *itânda* (...). É o plural de *kitânda*: estrado de bordão entrelaçado que essencialmente servia de colchão. Singularmente, pois, os lugares de vendas marcados que os negreiros foram transformando em feiras, tomaram a designação de *kitanda*" (...) (Van-Dúnem, 1987, p.17).

populares têm na economia da capital angolana[7]. A respeito, diz-nos Pepetela:

> Não se pode falar do mercado (a Quitanda, do kimbundu: kitanda) sem nomear a sua principal personagem, a quitandeira. Figura que coloriu a Luanda de todas as épocas, com os seus panos fartos e garridos, que encheu ruas e becos com pregãos anunciando frutas e legumes, teve também lugar de destaque na literatura. (Pepetela, 1990, p.139)

A confluência entre literatura e realidade extratextual é bastante ampla quando se fala dessas personagens. Assim, verificamos que as quitandeiras dos contos e novelas angolanos são configuradas como mulheres mais velhas, sem traços de sensualidade e cuja vida está ligada ao comércio de peixe, frutas, legumes e/ou verduras. Seu traço característico, assim como das personagens masculinas desse mundo do musseque retratado nos textos é a labuta dura e constante.

Entre as personagens quitandeiras, destacaremos algumas delas que nos parecem paradigmáticas das personagens femininas trabalhadoras: Nga Palassa, do conto de Jofre Rocha, cujo longo título é "De como Nga Palassa dia Mbaxi, kitandeira do Xá-Mavu e devota conhecida deste Sant'Ana até a Senhora da Muxima renegou todos seus santos e orações" (produzido em 1972) e "Nga Fefa Kajinvunda", personagem que dá título ao conto de Boaventura Cardoso presente em *Dizanga dia Muenhu*. Vale recordar que as personagens referidas são trabalhadoras no Xamavo, mercado público emblemático na vida luandense e sobre o qual falaremos logo mais à frente.

A primeira narrativa apresenta-nos a história de Nga Palassa, cuja beleza na juventude atraiu a atenção de um comerciante português que a levou para sua casa, até que, com o passar do tempo e a prosperidade, descartou-se dela para casar-se com uma "patrícia dele que

---

7 A respeito do papel da mulher na economia do pescado em Luanda, ver o imprescindível trabalho de Ruy Duarte de Carvalho *Ana a Manda os filhos da rede*. (Carvalho, 1989)

mandou buscar lá na terra" (Rocha, 1980, p.22), e exigindo que a filha da africana e do português, Mena, ficasse com o pai. O conto também nos fala da morte da jovem e do nascimento de Rui Filomeno, neto de Palassa que passou a morar no musseque. A história de velha senhora, narrada em *flash-back*, informa-nos que Nga Palassa "kitandeira respeitada em todo musseque, pessoa antiga nessa vida de por negócio" (Rocha, 1980, p.21), é "bessangana devota conhecida que tinha acendido velas em todos altares desde a Senhora da Muxima, Sant' Ana e Santo Antonio de Kifangondo". (Rocha, 1980, p.22), mostrando a ligação que a personagem mantém com a religiosidade. O desenho que o conto nos dá da personagem apresenta todas as qualidades positivas de que se revestem as quitandeiras: a devoção, a força, a capacidade de trabalho.

Também no texto de Boaventura Cardoso, "Nga Fefa Kajinvunda", ressaltam-se as qualidades da trabalhadora do mercado, personagem forte, que enfrenta qualquer inimigo e cujo apelido, Kajinvunda (zaragateira), diz muito de sua forma de ser:

> Nga Fefa Kajinvunda, como lhe chamavam por causa da força dela na discussão, refilona, quem lhe punha só desafio?, nem mesmo as polícias se podiam com ela. (...)
> Nunca recusava no medo das pessoas. Nga Fefa tinha homem no corpo dela de mulher. Respondia xingantemente todos que lhe insultavam e até os fiscais punham respeito nela. Senhoras inda que vinham lá do putu com as manias de superior, não torravam farinha com ela. Olhar sisudo, cigarro fogo na boca, falas poucas, personificava a autoridade e o respeito. (Cardoso, 1982, p.23, 25)

Personalização da autoridade e do respeito, a personagem resistirá à reificação que a cliente branca tenta impor, pagando, no entanto com a morte, sua coragem.

Bastante diversa é a jovem quitandeira que dá título ao livro publicado em 2002 por Manuel Rui: *Maninha*. Nascida a partir das crônicas publicadas no *Jornal de Angola* entre os anos de 1992 e 1994, a protagonista tem a idade do país ("nascida mesmo na hora da

Dipanda"[8]) e o leitor inteira-se de sua vida e dissabores por meio das cartas que escreve a suas primas moradoras em Portugal. Essa estratégia narrativa permite que o autor comente a situação angolana, os descalabros da administração, os descaminhos da guerra no país, e até mesmo as mudanças que as quitandeiras sofreram, pois a dada altura a missivista define a si própria como "agente econômico pequeno", utilizando o vocabulário de uma economia de mercado que avança em Angola e marginaliza grandes parcelas de sua população, inclusive os(as) pequenos(as) comerciantes.

Realizada com um humor cáustico – uma das marcas da escrita de Manuel Rui – e crítica social, *Maninha* propicia, a partir da fala da jovem quitandeira, uma reflexão sobre a situação do país. Veja-se, como exemplo, o trecho inicial comum a todas as "cartas":

> QUERIDAS PRIMAS
> Que se encontrem todas de saúde junto dos seus sãos os meus votos mais sinceros que nós, agora, felizmente, até que enfim e graças a Deus, já não podemos ficar mais pior.

A ironia e o tom jocoso de todos os relatos mostram-nos uma quitandeira longe da autoridade das mais-velhas referidas anteriormente, já que Maninha, além de pequeno contrabando de produtos portugueses (realizado graças ao auxílio de uma prima que trabalha em uma companhia aérea), ainda tem uma vida afetiva algo conturbada, como se pode notar no episódio da briga em que ela se envolve com a esposa de seu namorado:

> Depois bateram à porta e eu fui abrir. Vejam ainda uma grandona muito maior que aquela Maria Sem Cueca já falecida do Lubango, esta, primas, o pano da cueca dela para nós é dois vestidos. Eu a ver que ela queria entrar em casa sem ninguém lhe convidar. Empurrou-me para a frente mas não cabia na porta. (...) E não é que ela me muxoxa onde está

---

8 Dipanda: forma popular para Independência

o meu marido? Com que então você, uma miúda de tuji é que é a minha rival, não é? E ela puxou-me para fora. Eu a gritar largue-me, largue-me e ela a bater-me pareceria um homem. Vocês deviam estar aqui para lhe darmos com uma frigideira com óleo a ferver. (...) e ela a insultar-me de filha disto, filha daquilo, filha dum combóio das coisas; filha de uma carrada de coisas e ainda porcimamente filha de um Savimbi. (Rui, 2002, p.31)

Após a surra, da qual é salva pelo Tio, que não se conforma de ver a sobrinha ser acusada de "savimbista", Maninha encontra-se com o namorado que se escondera debaixo de sua cama e recebe dele, "por danos morais" uma "verde de cem" (cem dólares).

Ou seja, ocorre no relato uma quebra de todos os parâmetros com que se construía a imagem de retidão e autoridade das quitandeiras dos textos anteriores, para instaurar-se uma atmosfera de burla e riso corrosivo.

Não se pode deixar à margem, entretanto, que a Maninha do título, dada a sua ligação com a "Dipanda", poderia ser tomada como uma metáfora dos descaminhos do país nos tempos da economia de mercado e da globalização e, nesse sentido, a pretensa modernidade da personagem remete à perda de valores tradicionais positivos para a coesão social ao mesmo tempo em que aponta uma distopia. É curioso, entretanto, que Manuel Rui vá buscar justamente na figura da quitandeira a aproximação com Angola, indicando como no imaginário dessa jovem nação essa personagem ainda deita fundas raízes, se bem que sua caracterização não se atenha mais à autoridade e respeito.

Na mesma senda de uma carnavalização da figura da quitandeira, vale lembrar, ainda, uma narrativa de 1989, de autoria de Jacinto de Lemos, em que a força e coragem das quitandeiras ainda comparecem, mesmo que a serviço de uma causa menos nobre do que a personificação da "autoridade e o respeito", próprios das personagens dos textos produzidos até os anos 80.

No conto "Nga Zefa peixeira da Fuma", primeira narrativa do livro *Undengue* (1989), as quitandeiras, capitaneadas pela personagem que nomeia o conto partem para uma luta contra um grupo de jovens, dentre os quais alguns marginais e consumidores de maconha, que haviam emboscado e batido no irmão de Nga Zefa. Não há qualquer gesto de grandiosidade na briga que começa com uma agressão que vai se ampliando por todo o bairro:

> E aquelas peixeiras mostraram ali no Suero o que o homem faz uma mulher também pode fazer. Sim. Até as pessoas que estavam assistir esfregavam e esfregavam mais os olhos na admiração. Custava crer que eram mulheres que estavam por aqueles muzangalas à rasca. Senhoras rápidas saltavam aqui, saltavam ali, como calumbas ainda mesmo novas. No seu tempo de ulumba (juventude), é que foi. Este nome de Nga Zefa da fuma veio de longe. E era mesmo da fuma. Tinha fama de verdade. Onde punha o pé, era mesmo Zefa.
>
> (...)
> Quando uma lhe rebolavam com uma bassula, a outra pegava numa panela e, "buá-buá" da cabeça, até o gajo ficar tonto. Vem outro a fugir a briga do lado mais forte, p'ra o lado mais fraco, também recebe outros "buá-buá" da mesma panela. (Lemos, 1993, p.59-60)

O tom jocoso da briga em que se envolvem sete peixeiras contra um bando de jovens que se arma em esperto, afasta-nos sobremaneira da tragicidade das quitandeiras presentes na literatura do período da luta de libertação, ao mesmo tempo em que, de certa maneira, restringe a aura de respeitabilidade com que foram construídas anteriormente na literatura angolana.

Talvez porque o país tenha sido tocado "pela máquina mercante" com "tanto negócio e tanto negociante" que as antigas kitandeiras, com o sabor da laranja e do makezu (para lembrar aqui o famoso poema de Viriato da Cruz) tenham passado a dominar outros saberes e sabores.

São os ventos dos novos tempos em que a função comercial começa a deslocar-se do comércio varejista para os atacadistas e surgem centros comerciais de peso, fazendo com que o comércio a retalho e alguns comerciantes autônomos como as quitandeiras, sejam lenta e paulatinamente deixados à margem, na Luanda que passa a se constituir em mais um espaço de "modernidade periférica", para usarmos a excelente expressão de Beatriz Sarlo.

Prostitutas

Ao lado das velhas senhoras dos mercados, deve-se referir também as jovens que mercadejam seus corpos. Com um número menor de aparições na prosa do período que as quitandeiras, a presença das prostitutas, contudo, não é pequena. Elas aparecem, por exemplo, no conto de José Luandino Vieira intitulado "Dina", de *Vidas novas* (1982) ou como personagens protagonistas de cinco contos que compõem o livro *A casa de mãezinha* (1980), de Antonio Cardoso, produzido "no pavilhão prisional da Pide, em Luanda, entre março de 1962 e janeiro de 1963". Intitulados "A que era louca", "Rosa", "Linda", "Maria" e "Domingas", os textos focalizam, por um narrador em terceira pessoa, as mulheres que trabalham no prostíbulo de Mãezinha, em um musseque de Luanda. O ambiente é de degradação e as mulheres, negras e mestiças, não se distanciam dos modelos apresentados pela literatura engajada no que concerne às personagens que nada mais têm a vender a não ser o corpo, sem mediações: personagens arrastadas à vida do prostíbulo em razão da fome que as assola e dos enganos a que foram submetidas por homens inescrupulosos. Sob esse aspecto, as prostitutas desvinculam-se da imagem de lascívia da mulher africana.

Guardando uma grande dose de bondade, as meretrizes da prosa angolana, assemelham-se às personagens do neo-realismo português, em seus sonhos de integrarem uma vida longe da prostituição. As personagens moradoras dos musseques de Luanda são trabalhadoras reificadas do sexo que os textos dos anos 1970 figuram como seres cuja humanidade plena somente seria atingida a partir da independência de Angola, conforme se pode verificar no conto sintomaticamente intitulado "O último bordel", do livro *Sim camarada!* (1985), de Manuel Rui, cujo trecho final mostra a destruição da casa de prostituição:

Ouviram-se mais dois rebentamentos de granada e todos voltaram a cabeça para o local de origem. Era a casa de Mana Domingas.

Ficaram ainda os olhos indecisos do jovem presos no rosto gorduroso da velha até que labaredas compridas começaram a lamber a noite. Mais uma casa incendiada. A que fora a casa de Mana Domingas. O último bordel.

A velha sorriu. Tocou com a mão papuda o rosto quente do jovem conhecido desde a infância, mediou de memória o tempo que fora dele crescer e perguntou:

– Os camaradas vão aonde?
– Vamos na Vila Alice pedir armas.
– Então nós também vamos.

E como ninguém do grupo criticou ou fez comentários, com um gesto o jovem miliciano deu sinal de prosseguirem a marcha. (Rui, 1985, p.76)

Em lugar do trabalho realizado na casa de prostituição, as mulheres saem às ruas, engajando-se na luta dos "camaradas", transformando-se em um deles. Desenha-se aqui, sem dúvida, a utopia de uma outra ordem expressa nas "Palavras deste tempo sempre novo" em que os prostíbulos seriam destruídos para que pudesse ser instaurada uma nova cidadania. Infelizmente, como veremos ao falar sobre as "catorzinhas", esse desejo não se realizou plenamente.

Contemporaneamente, outros textos abordam a prostituta sob o mesmo ângulo que a literatura produzida antes e imediatamente após a independência de Angola. Veja-se, por exemplo, o texto "Hortência", de *ABC do Bê Ó* (1999), de Jacques dos Santos, em que um narrador onisciente, após expor como a protagonista foi seduzida pelo tio, acompanha sua trajetória:

As dúvidas deixaram de ser um dia, e aconteceu mais uma vez na sua vida. Foi no primeiro dia em que a Dona Dada lhe disse como agir, se queria ter casa, comida e dinheiro. Sentiu que as forças lhe fugiam! Entregar assim seu corpo, num qualquer homem que não lhe conhecia de parte nenhuma, mostrar sem querer a vergonha de sua nudez, e ter de dizer sempre que gostava sem gostar; e ao afirmar sentir doçura, ficar sempre duvidosa de como são ou serão os homens que lhe vão calhar *nesse trabalho?* Por alvitre de Dada, passou a chamar-se Amália, *seu nome de serviço!*

Foi assim perdendo, entre as idas e vindas do Caputo onde vivia com Dona Dadá, e o Bairro Operário, onde passou *a trabalhar na vida*, a ingenuidade e também a vergonha. (Santos, 1999, p.179) (Grifamos)

Verifica-se que os motivos componentes do caráter de outras personagens prostitutas também aqui compareçam: a necessidade que empurra a jovem para a vida do prostíbulo e a vergonha, por exemplo. Ou seja, ainda que o texto de Jacques dos Santos tenha sido escrito quase trinta anos após os contos de Antonio Cardoso, a convenção literária para constituição desse tipo de personagem pouco mudou. Como se verá logo mais à frente, os motivos permanecem os mesmos quando se trata, por exemplo, da prostituição no mercado Roque Santeiro.

Outras mulheres de destaque

Na galeria das personagens femininas da ficção angolana cujo cenário privilegiado é a cidade de Luanda, há sem dúvida caracteres muito bem construídos, como Maria, esposa da personagem Domingos Xavier, do romance *A vida de verdadeira de Domingos Xavier* (1977), de Luandino Vieira. Lembre-se de como a personagem adquire densidade ao longo da narrativa, passando de coadjuvante a actante em sua luta por encontrar o esposo encarcerado pela Pide. É exemplar a trajetória realizada pela personagem que sai de um lugarejo no interior para Luanda, enfrentando os perigos da cidade e da força policial, mas também contando com a solidariedade dos habitantes dos musseques da cidade-capital e de membros da resistência na luta anti-colonial. Sob esse particular, Maria torna-se personagem emblemática da resistência na medida em que não desiste de sua busca, mesmo nos momentos mais difíceis, sendo capaz de enfrentar vários oponentes.

Dignas de nota, também, as personagens femininas dos textos de Pepetela, dentre as quais destacaríamos Carmina, de *O desejo de kianda* (1994) (sobre a qual nos deteremos logo mais à frente), ou as heroínas Lu, a bailarina, e Lueji, a rainha, do romance *Lueji. O nascimento de um império* (1989). Vale lembrar que nesse texto, cuja ação se passa no futuro, tradição e modernidade são simbolizadas pelas duas mulheres que rompem com os mitos e ritos, para afirmarem, dialeticamente, o novo a partir do tradicional:

> Lu (...), luminosa no palco, segurando o lukano e uma rosa de porcelana, o cetro de Lueji também recuperado do esquecimento e a festa está no fim, Lu-Lueji sabe, só lhe resta avançar, erguer os braços bem alto, mostrando o lukano e a rosa e ficar assim, majestática, enquanto todos os outros saem a correr do palco para cair o pano. (Pepetela, 1989, p.473)

Como afirma Fernanda Cavacas a respeito deste romance, ao analisar os dois símbolos que percorrem toda a narrativa de Pepetela – o lukano e a rosa de porcelana,

> O presente recupera desse passado mítico o símbolo da autenticidade na rosa de porcelana, símbolo poético de uma pertença à terra mãe, e augura um futuro promissor à angolanidade nascente a que as novas gerações dão corpo. (Cavacas, 2002, p.310)

Antes de visitarmos uma última personagem feminina que percorre os caminhos da Luanda da escrita e seus arredores, vale mencionar *Totonya* (1997), de Rosária da Silva, e que se constitui no primeiro romance de autoria feminina em Angola. Tendo como protagonista Maria Antonia Paixão Jerônimo, a Totonya do título, o texto narra as desventuras de uma mulher cujo marido, técnico de veterinária, é transferido de Luanda para Lobito. Seguindo o esposo, que tem uma amante, ela acaba por envolver-se em um universo de sofrimento, abandono, práticas mágicas, mas também de solidariedade com outras mulheres que sofrem os mesmos percalços. Ainda que toda a ação se passe fora de Luanda (sobretudo em Benguela – se bem que a personagem-protagonista tenha um posto de trabalho na cidade-capital), cremos ser importante mencionar esta narrativa na medida em que o universo feminino urbano, permeado por um imaginário de feitiços e curandeiros, comparece na obra a serviço de construção de uma personagem que – próxima de protagonistas de romances românticos – desnuda a subalternidade da mulher. Diferentemente das fragilidades e sofrimentos de Totonya, vale mencionar uma personagem feminina de Manuel Rui a qual, segundo entendemos, sintetiza as várias visões que os autores angolanos expressaram ao dar vida às personagens femininas. Referimo-nos a Noíto, do romance *Rioseco*, publicado em 1997.

Na narrativa de Manuel Rui, o grande eixo é o aprendizado a ser feito pela personagem, uma mulher do interior, nascida no sul de Angola, mas sabedora das muitas línguas faladas no país. Ela deve apre(e)nder o mar quando, fugindo da guerra com seu marido, o carpinteiro Zacarias, passa a residir na ilha do Mussulo. A contraposição entre o "mato" e o litoral, propicia que se misturem vocábulos de línguas do sul (sobretudo o umbundo) e da capital (expressões da gíria luandense e do quimbundo), redundando em perspectivas diversas que se harmonizam na paz do Mussulo, ilha focalizada como um espaço inaugural ("um paraíso bem defendido e protegido pelo mar") (Rui, 1997, p.23) e apontam para o todo heteróclito que é a nação angolana formada por várias etnias.

Personagem complexa, que ao construir, a partir de elementos do paraíso do Mussulo, um lar, a horta e o poço, constrói a si mesma e torna-se capaz de instaurar o cosmos. Nesse sentido, Noíto é, em seu trabalho de articular os conhecimentos dos rios de sua terra natal ao ambiente marítimo, uma espécie de síntese entre o litoral e o interior.

E, sob esse particular, a personagem feminina retoma algumas das características das imagens femininas veiculadas, por exemplo, na poesia de Agostinho Neto, agora não como a Mamã África, mas como símbolo da nação angolana, uma "comunidade imaginada" em que a variedade é inclusiva e onde é possível reinar a paz:

> O mar é só assim por causa dos rios que lhe trazem a água. Os rios é que enchem o mar. Nenhum dia viste um mar encher um rio, já falei. Isto é tudo água que vem da nossa terra. Sem a nossa terra, sem os rios

que atravessam muito tempo, devagar e depressa, depressa e devagar, a secar e a encher na chuva, onde é que estava o mar? Sem a nossa terra, onde nascem os rios, o povo daqui não tinha mar para pescar. Não há mar sem rio, eu já falei. (Rui, 1997, p.90)

Segundo a perspectiva da personagem, o mar é o resultado dos rios, diversos como as etnias, usos e costumes de Angola. Ele é a síntese da terra. Não se lhe opõe. Por isso é VIDA, alimento obtido pelo trabalho e representa a solidariedade dos povos do mar e os do interior. E o mar, conforme informa o narrador, à página 20, "é também mulher, já te falei".

Uma mulher é sempre uma mulher. Nem paz dos homens, nem silêncio das vozes lhe dá paragem no pensar assuntos. Seja distraída, alegre ou triste. A sua idéia voa demais, cresce, multiplica-se como o que se fermenta num útero fêmeo. (Rui, 1997, p.23)

Como se pode verificar, quer se chamem Noíto, Maria ou Lueji, sejam quitandeiras, prostitutas ou fortes mulheres do povo, as personagens femininas constituem uma presença das mais marcantes na literatura angolana contemporânea. Há, no entanto, uma ilustre personagem no imaginário e na literatura luandense que não se pode deixar à margem: referimo-nos à Kianda.

A moradora mais ilustre

A galeria de habitantes da Luanda da escrita não estaria completa sem a moradora mais ilustre da cidade: a Kianda. É a ela que são dedicadas as festas da Ilha, é a Kianda que guarda as águas da capital angolana (sejam as do mar ou as da "lagoa do Kinaxixi", por exemplo) e a ela é dedicada a cidade de Luanda, conhecida como a "cidade da Kianda".

Referida por numerosos autores, pode-se dizer que ela habita especialmente os textos de Luandino Vieira e Arnaldo Santos, autores que são considerados os "escritores da Kianda".

Na novela de Luandino intitulada "Kinaxixi kiami" do livro *Lourentinho, Dona Antonia de Sousa Neto & eu* (1981), por exemplo, todo o enredo gira ao redor da lagoa do Kinaxixe e de uma mafumeira que ali havia, indicando o espaço pertencente à entidade mítica. A ação é focalizada a partir de um narrador-protagonista que se apresenta como luandense a um interlocutor culto, cujas réplicas não são transcritas no texto:

> Em Kinaxixi fui nascido; lá morri; e me ressurgiram. Hoje nem que sou mais sonho de nossa lagoa. Mas tempo teve nem nome eu que tinha, não usava coleira de papel. (...)
> Que Kinaxixi, o irmão não sabe, era a demasiada planície de um só rio, a vala nossa. Por cima é que era a cubata onde fui nascido, fronteiras do Marçal.(...)
> A lagoa – palácio de sereia, água de meu susto contentamento. Lhe enchi mais é com minhas lágrimas.(...)
> Civilização? Irmão, sem ofensa: macacada atômica, séria e grave, alegres suicidas. (...) (Vieira, 1981, p.13-4)

A narrativa figura uma visão mágica, ultrapassando a referência documental à lagoa do Kinaxixi e à mafumeira. Ao flagrar a destruição dessa paisagem, em última instância, narra-se a passagem da Luanda antiga para a cidade branca. O drama do narrador-protagonista (mestiço, filho de mãe negra e pai branco) é o de situar-se nessa nova ordem, que o exclui, e sua opção acaba por ser a de negar o mundo europeu do pai e adotar o lado materno. Esse movimento galvaniza a violência a que o colonizado estava submetido e o protagonista então mata o engenheiro branco que comandava as atividades de aterramento da lagoa e derrubada da árvore. Aparentemente trata-se de uma ação irracional, já que o ato apenas tem explicação no plano mágico. Trata-se, no entanto, de preservar os seres míticos e o mapa de uma Luanda não européia:

> (...) Luanda, cidade de muitas e desvairadas sereias: a da ponta da ilha de Luanda, ex-ilha das Cabras (...) E outra, a da Praia-do-bispo, dum antigamente gasto, que era bondadosa (...) Ou esta, a que era nos-

sa: sereiazinha de meninos e mais-velhos – que aparecia como luz de vela no sobre as águas da lagoa do Kinaxixi, noites de baile no Luso Clube. (Vieira, 1981, p.67)

A geografia das "sereias" que o texto acima desvela, acaba por apresentar um pouco do imaginário que percorre a cidade de Luanda. Sem dúvida, não são poucos os habitantes da cidade que afirmam a existência das kiandas e os espaços habitados pelas mesmas. Sob essa perspectiva, o texto de Luandino apresentaria, pela voz de sua personagem, uma componente de peso do imaginário dos habitantes da cidade.

Já nos textos de Arnaldo Santos presentes em *Quinaxixe e outras prosas* (1981), a evocação da "sereia" é plena de referências a um passado das brincadeiras infantis:

> O único refúgio que lhe permitiria continuar a pescar abrigados do sol era uma mafumeira que as águas transbordantes da lagoa tinham quase rodeado e que aparecida como uma ilhota de sombra. Porém, até lá teriam que atravessar um lodaçal traiçoeiro e escorregadio por um lado, ou atravessar a nada certa zona da lagoa. (Cardoso, 1981, p.12)

A "sereia" do Kinaxixi é retomada mais uma vez pelo autor em crônica escrita para a *Revista Austral* (publicação das Linhas Aéreas de Angola) e, posteriormente, publicada no livro *Crônicas ao sol e à chuva* (2002), de onde citamos o trecho a seguir:

> A lagoa era *Kinaxi*xi, e Quinaxixe era a lagoa e... mais a quianda, a natureza e as gentes que viviam a sua volta. Ela também vivia ali, velando, vigiando. Dormia nas suas águas, cantava nas suas águas.
> Confesso que essa quianda eu mesmo nunca que lhe vi. Se tem figura de gente ou de peixe, não sei. Só mesmo meu compadre Zé é que garante que lhe viu, foi num dia qualquer da sua vida de filho-pequeno, o sol esbraseava, não sei se ele ficou avariado da cabeça, porque até lhe deu um nome de Ura, Urano, ou Urânia, eu já não recordo justo. Mas mesmo assim ninguém que desacreditou e nos caminhos e encruzilhadas que iam dar na lagoa o povo vinha lhe apresentar as oferendas, trou-

xas, comidas e dinheiro de moedas angolares pintadas de pemba e tacula. A vida místico-religosa rodeava as margens da lagoa. (Cardoso, 2002, p.125)

O imaginário de Luanda relativamente a sua kianda ou "sereia" aparece aqui em toda extensão, sendo convocado, inclusive, o testemunho do escritor José Luandino Vieira ("meu compadre Zé"), ao mesmo tempo em que o texto de Arnaldo Santos realiza uma operação de intertextualidade com a novela luandina intitulada "Memória narrativa ao sol do Kinaxixi" (*No antigamente na vida*), cujo parágrafo inicial é o seguinte:

U
Ur
Ura
Urano
Urania – um soletrado nome só e é a verdade mesmo? Ou lhe nasci ainda, mentira de minha vontade, sonho? Mas tem o sangue, tem sol, tem Xôa – e no meu pulso a cicatriz d'amizade.
Era então no antigamente. (Vieira, 1987, p.93)

Não se pode deixar à margem, também, um outro texto paradigmático quando se fala da kianda: trata-se de *O desejo de kianda* (1993), escrito pelo benguelense Pepetela e sobre o qual nos deteremos logo mais à frente.

Mas, afinal, que aparência tem a "sereia" do Kinaxixi? Onde ela, atualmente, reside já que sua lagoa foi aterrada?

Segundo o imaginário luandense, a kianda, que tem uma aparência humana (não guardando qualquer semelhança à sereia européia, figura híbrida peixe/mulher) continua a morar no Kinaxixi, de onde nunca se ausentou[9]. Como abono dessa tese, aponta-se o

---

9 A respeito desse espaço, leia-se a crônica de Ana Paula Tavares "Kinaxixi, meu amor", cujo primeiro parágrafo diz: "De alguma maneira esse lugar deve ter sido o centro do mundo, o umbigo do universo, começo das águas, placenta do

fato de que o edifício de dezessete andares que se intentou construir sobre o aterramento da antiga lagoa teve de ser abandonado, pois uma infiltração do lenço freático fez com que se formasse em seu alicerce uma... lagoa! Isso inviabilizou a ocupação desse prédio que passou a ser conhecido como "Prédio da lagoa" ou "Prédio da Kianda". Com a guerra, refugiados de todo o país – sem o imaginário luandense – passaram a residir no edifício inacabado hoje ocupado por cerca de 1.500 pessoas que vivem em péssimas condições, sob o risco constante de desabamento do prédio condenado.

Quanto à aparência da "sereia", um dos primeiros textos que se debruçou sobre o assunto foi o *Ana a manda*, de Ruy Duarte de Carvalho que ensina o seguinte:

> As *yanda* são como nós, cativam-se por nós, estão entre nós, e, finalmente, velam por nós e pelas águas.
> Há quem as tenha visto. Há mesmo quem tenha visto as cidades inteiras onde habitam. Uma infeliz – do ponto de vista cultural – e generalizada tradução portuguesa do vocábulo *kyanda* como "sereia" (referem-se ambos os termos a seres "fantásticos", habitantes das águas) é talvez responsável pelo fato de alguns testemunhos as descreverem com cabelos longos e lisos, gente da cintura para cima, peixe do ventre para baixo. Mas não: as "sereias" são como as pessoas, andam calçadas mesmo, podem até usar "quedes". O que se vê normalmente, porém, não são mais que sinais delas, luzes, lençóis de luz debaixo das águas, fitas, fitas de muitas cores. (Carvalho, 1989, p.284)

Com se pode ver, a kianda de Luanda não tem parentesco com suas primas européias, sereias de rabo e cabelos verdes, já que se trata de um ser maravilhoso, um "gênio da natureza" e, sob esse particular, transita das crenças para a realidade quotidiana. A respeito, o antropólogo Virgílio Coelho, em artigo sobre a "sereia" luandense

---

húmus da terra ou a liberdade à sombra de deus, nos seus cantos de viuvinha alegre na roda e fora dela". (Tavares, 2004, p.135)

e a venda de sua imagem como produto publicitário, faz as seguintes observações sobre sua natureza:

> Os "gênios da natureza" são dispensadores de luz, isto é, de vida, de tal forma que o que é comum ouvir-se de todas as pessoas que já os observaram (ou melhor, que já viveram a rara e dramática experiência da aparição destes "seres"), é que tanto no mar, como nos rios, nas lagoas, nas "cacimbas", ou nas nascentes, as marcas da presença destes "seres" apresentam-se com o "aspecto humano", de cor branca, alva ou cristalina, completamente envoltos em "longos cabelos" também brancos, que conjuntamente com as cintilações de luz e os milhares de pontos luminosos, acrescidos de sons vibrantes e envolventes, conduzidos por ventos ruidosos e remoinhos, caracterizam o universo da sua presença. (Coelho, 1997, p.147)

Mais à frente, o antropólogo analisa vários textos literários angolanos em que esses "gênios da natureza" aparecem, indicando que na maioria deles, a kianda é confundida com a sereia européia em sua forma. Em seu exame, dá destaque a dois autores:

> Dois luandenses, Arnaldo Santos e José Luandino Vieira, são dignos de registro, porque constituindo exceção, não entram nestes esquemas redutores e escreveram no *Correio da semana* um apontamento algo satírico (...) rejeitando um marketing irrealista e repudiando esta proposta publicitária que nos vende um "produto" imagético falso e condenado ao repúdio desde o primeiro momento do seu aparecimento no mercado. Eis aqui, para constar, o que eles escrevem a este propósito:
> (...)
> Qual sereia, qual areia! Sereias eram as tágides do zarolho Luís Vaz de Camões e as outras ditas que obrigaram Ulisses de lhe amarrarem num mastro, como cantou outro poeta cego, o grego Homero. (...) Quianda, quituta e outros belos nomes, é ser inteiro completo. Garanto por que lhe vi, na nossa lagoa do Kinaxixi. Se é homem, é inteiro, mulher inteirinha é. Nada de bipolarização. Que se escondem, por vezes, em pessoas penando no mundo, em disfarce de pequena deformidade física, coisinha de dar aviso a todos nós, os que não sabem ler mas sabem saber. (Vieira & Santos apud Coelho, 1997, p.171-2)

O texto de Virgílio Coelho reafirma a presença, no imaginário luandense, da kianda (ou quianda, como também se grafa) e sua incorporação pelo mercado, já que ela passa a ser vendida como peça publicitária e móvel de numerosos festejos organizados quer pelo governo provincial da cidade, quer pelos comerciantes interessados nos lucros. Por isso, ao final de seu texto, se pergunta:

> Até quando a "memória coletiva" deste país (e, conseqüentemente, a sobrevivência dessas populações enquanto grupo coerentemente organizado e estabelecido no terreno) continuará a ser ignorada nos seus propósitos e violentada nos seus princípios fundamentais? (Coelho, 1997, p.172)

A respeito vale lembrar que, apesar do lúcido trabalho de Coelho, a Antologia poética da Brigada Jovem de Literatura, nomeada *Geografia Mágica da Kianda* (2004) ostenta uma bela capa em que sobre aquarela com os contornos de Luanda, sobrepõe-se uma figura feminina meio peixe, meio gente...

A kianda, entretanto, resiste à utilização de sua imagem, porque um de seus refúgios privilegiados é a literatura de seu país. São escritores como Arnaldo Santos, Luandino Vieira ou Pepetela, que, por meio de seus textos, mantêm-na viva. Afinal, a kianda de Luanda, ser mitológico, gênio da natureza, é a moradora mais ilustre do imaginário e da literatura de Angola e não há como não lhe render homenagem.

As crianças

Talvez poucas personagens como as infantis possam exemplificar as transformações pelas quais passou o país e a literatura de Angola nos últimos cinqüenta anos, na medida em que as várias denominações que elas recebem são o indício dessas alterações, assim como sua configuração que indica novas formas de narrar. Dessa forma, poderemos acompanhar como essas personagens passam de monandengues a pioneiros, para chegar às tristemente famosas prostitutas infantis, as "catorzinhas",[10] ou aos "roboteiros", crianças trabalhadoras dos mercados populares.

Nesse sentido, acompanhar-lhes as mudanças, seja de perfil, seja em sua nomeação ao longo desse período que é, sem dúvida, de consolidação do sistema literário do país, faculta-nos flagrar, além de mudanças literárias, as profundas modificações ocorridas na sociedade angolana.

Atormentando a vida dos adultos em suas brincadeiras, ouvindo histórias dos mais-velhos, realizando pequenos serviços no musseque ou já integradas ao mercado de trabalho, as personagens infantis, quer se chamem Dinito, Zeca Kamakóri, Zito Makoa, Xico ou Beto, vão aprendendo a amarga lição de um cotidiano de privações e discriminação.

Um exame diacrônico das várias produções ficcionais focalizando privilegiadamente as crianças enseja acompanhar as mudanças conceituais que as personagens infantis sofreram ao longo de cinqüenta anos de ficção angolana, o que, segundo nossa perspectiva, indicia uma nova orientação da literatura do país.

Para iniciar, tomemos a ficção de Luandino Vieira que, segundo nosso ponto de vista, pode nos auxiliar a desenhar o panorama de um primeiro momento da literatura em que um "antigamente" remete a uma Luanda algo harmoniosa. Dessa forma, vemos que em 1960, *A cidade a infância*, livro de Luandino ao qual já nos referimos, figura as personagens infantis imersas em um tempo em que

> Já os meninos iam para a escola, lavados, na manhã lavada, de meias altas de escocês e sacolas de juta.
> Era o tempo dos catetes no capim e das fogueiras no cacimbo. Das celestes e viúvas em gaiolas de bordão à porta de casa de pau-a-pique. As buganvílias floriam e havia no céu um azul tão arrogante que não se podia olhar.

---

10 "Catorzinha" vem de quatorze, idade média das meninas prostituídas.

Era o tempo da paz e do silêncio entre cubatas à sombra de mulembas. (Vieira, 1978, p.79)

Trata-se, como se vê, de meninos e meninas plenos de inocência em seus jogos, nos subúrbios da capital de Angola cuja ruralidade é notável. Em suas brincadeiras, pressentem a gestação da "noite grávida de punhais", mas ainda percorrem as ruas de uma Luanda onde a "fronteira do asfalto", isto é, os limites entre a cidade dos brancos, e o musseque (o "bairro dos pretos"), apenas começa a se esboçar e os devastadores conflitos engendrados pela situação colonial não estão ainda agudizados. Assim, a escrita retorna aos anos 40.

A questão de um tempo edênico de paz "à sombra das mulembas" externa a lembrança de um passado destruído pela mudança da cidade o que, em última instância, significa a consciência da passagem para um outro momento da dominação colonial, assim como para uma urbanização plena (melhor diríamos, para uma "modernidade periférica" – para usar a expressão de Beatriz Sarlo) do espaço luandense. A essa luz, a escrita passa a funcionar como uma espécie de "memória coletiva", na medida em que busca o passado o qual não pertence mais somente ao narrador, e sim a toda uma geração criada no bairro suburbano que mais tarde se tornaria "bairro de branco" ao expulsar os negros para as franjas da cidade. Com o escrever da memória há uma re-apropriação dos espaços e a possibilidade de dizer "nós".

Monandengues

Já em 1964, no livro *Luuanda*, do mesmo Luandino Vieira, encontramos uma outra paisagem: lugar de um mundo harmônico, instaura-se a disputa e o espaço não é mais o do bairro suburbano, mas sim o musseque. A cidade já mudara e os conflitos se agudizaram. Os miúdos Xico e Beto, de "A estória da galinha e do ovo", serão os protagonistas do processo de decisão das contendas e makas do musseque. Dado o espaço em que atuam – o "bairro de pretos" em que as línguas nacionais são faladas pelos habitantes – as personagens infantis recebem uma outra denominação: são os *monandengues* ou *monas*, designados a partir da palavra em quimbundo que significa criança.

Recorde-se que a história nos apresenta as personagens do Sambizanga – o musseque mais focalizado na literatura angolana contemporânea – a partir da briga que irrompe entre duas mulheres, Zefa e Bina, pela posse de um ovo, já que a galinha de uma pusera o ovo no quintal da outra. Várias personagens envolvem-se no conflito, mas sempre tentando obter alguma vantagem: dessa maneira, a partir da fala de cada uma delas, é possível identificar a que grupo social pertencem. Dessa forma, temos o dono da quitanda, o seminarista, o senhorio de muitas das cubatas do musseque ou o ex-notário cujas falas podemos identificar com os discursos comercial, eclesiástico ou jurídico, conforme nos lembra Maria Aparecida Santilli:

> O projeto de *superpor-se* o código mediado ao das litigiantes, ao provocar o distanciamento do outro para *impor-se* como código "mais culto" ao "menos culto". (Santilli, 1979, p.456)

As duas crianças do musseque, espaço de fala quimbundo, brincando, enfrentam a repressão policial a partir da imitação do canto de um galo. Dessa maneira, fazem com que a galinha Cabíri fuja das mãos dos soldados que, "para acabarem com a disputa" no musseque Sambizanga haviam resolvido fazer da galinha um churrasco para si. O canto das crianças assume a função de uma senha que obsta o plano dos cipaios e apresenta-se como a atualização que Xico e Beto realizam a partir do aprendizado feito com um mais-velho do musseque:

> Miúdo Xico (...) andava na brincadeira com Beto, seu mais novo, fazendo essas partidas vavô Petelu tinha-lhes ensinado de imitar a fala dos animais e baralhar-lhes (...). (Vieira, 1982, p.100)

Simbolicamente, ocorre a junção entre a tradição ensinada pelo mais velho e o aprendizado que os miúdos realizam:

Quando o soldado foi tirar a galinha debaixo do cesto, Beto e Xico miraram-se calados. E se as pessoas tivessem dado atenção nesse olhar tinham visto logo nem os soldados que podiam assustar ou derrotar os meninos de musseque. (Vieira, 1982, p.121)

Dessa maneira, as crianças passam a representar emblematicamente na narrativa o novo, o futuro em que os próprios angolanos resolverão suas contendas, no espaço que lhes é próprio e que eles não poderiam ser derrotados.

Essa caracterização das personagens infantis será uma constante durante o período da luta de libertação, não sendo raro que elas apareçam investidas de um papel de arautos da liberdade e de um futuro de paz e independência. A respeito, lembre-se do paradigmático Ngunga (*As aventuras de Ngunga*, de Pepetela), o pequeno órfão das matas que se torna um guerrilheiro, a fim de combater as injustiças e desmandos.

Outros monandengues estão presentes em vários textos produzidos entre os anos 70 e 80, dentre os quais gostaríamos de dar destaque a: "O último quinzar do Makulusu" (*Velhas estórias*, 1964), de José Luandino Vieira, "Nostempo de miúdo" (*Dizanga dia Muenhu*, 1967), de Boaventura Cardoso, e "Monadengues" (*Estórias do musseque*, 1973), de Jofre Rocha.

No primeiro dos textos desenrola-se aos olhos do leitor, a partir de uma narrativa em *flash-back* conduzida por narrador adulto, o imaginário de três crianças pobres do Makulusu misturado à realidade de miséria de seu bairro, criando uma prosa em que predominam os cortes cinematográficos e o entrecruzar de vozes e personagens do presente, do passado, do maravilhoso e do bairro suburbano. Deve-se ressaltar as histórias contadas por Sá Domingas e Nga Ndreza, pois elas são as responsáveis pelas imagens oníricas e também aterrorizantes que as crianças (Zito, Catita – neta do mais-velho xalado vavô Kizuza – e Zeca) acabam por elaborar.

E o quinzar estava lá, queria andar todo ele, tinha já feitio completo todo, lhe ouvíamos até adiantar xaladices como vavô, para nos enga-

nar, agarrar, ele nunca que ia poder atravessar na lagoa. No meio da noite, vizinhos alarmados corriam também, gritavam, procuravam latas de apagar fogo, os homens enchiam na lagoa, despejavam, nada conseguiam, ninguém que podia secar aquele fogo. Só a gente os três berridados nos mais velhos, tremendo todos nos frios da água e no calor do medo, sabíamos: não era fogo de verdade, de fósforo ou brasa soprada, dixita, não.
(...) Até hoje.
Só vavô Kizuza não apareceu nunca mais desde essa hora que saiu na quitanda. Parece mais é, xalado e cafofo, se meteu no fato da noite, andou, andou, andou – nunca mais ninguém que lhe viu...
E foi última vez que passaram casos de quinzar no Makulusu, naquele tempo nosso musseque e hoje bairro-de-branco. (Vieira, 1987, p.187, 190)

O desaparecimento do velho Kizuza, decrépito e cego, é focalizado por um narrador engenhoso que procura desvincular esse acontecimento da morte do quinzar, levada a efeito pelas crianças. Ao leitor, no entanto, os dois fatos aproximam-se e adquirem uma forte carga simbólica: a de um antigamente da tradição – simbolizado em vavô Kizuza – que perde sua função em uma nova ordem na qual o mais-velho – digno de todo o respeito na ordem tradicional africana – torna-se um fantasma assustador, destruído pelos novos tempos que tendem também a ser desagregados pela voragem que transforma musseque em "bairro-de-branco".

Uma outra estratégia narrativa presentifica-se em "Nostempo de miúdo", em que o leitor é lançado, nos primeiros parágrafos do conto, em meio a um jogo de futebol de monandengues do musseque na medida em que a história chega até nós por intermédio de um narrador que assume o discurso de um locutor desportivo. Ocorre que, paulatinamente, mistura-se à narração futebolística uma outra peleja: a perseguição movida pela polícia aos nacionalistas e à população dos musseques. Destarte, instaura-se um desafio ao leitor que deve "driblar" um narrador astuto e descobrir a História dentro das estórias. Veja-se o primeiro parágrafo da narrativa:

Manecas na baliza imobilizou o avanço. Bola marcando, Pedrito para Lito, este corre já em direção à linha divisória, entretanto, o sete recebe-lhe o esférico, finta brasadamente, tenta distribuir o jogo, corta agora Nenê Gordo, miá, Cachaça, dono do esférico, vai agora! Remata rasteiro para Zeca em progressão, estica para o lado direito e a bola lateralmente fugindo. Pontapé no canto. Zero zero, tabuada em branco. Pernas velozes pisávamos espaço retangular, suarentas catingas, transpirávamos, nós camisolados, elas costas reluzentes. Na corrida outra vez, jogada agora no campo de lá, avança Totoxe (tem Xaxa – do nome dele outro), corta, miá, miá, mialalá, Paulo aparecendo leiva faiscadamente o esférico, atenção!, jogada lixada, defensiva formada na baliza azarenta, e remata por cima da trave! (Cardoso, 1982, p.27)

Verifica-se a existência de três vozes no trecho citado: o locutor, o narrador, que relembra sua infância, e a torcida, todas elas convergindo para o jogo que é apresentado ao leitor e indicia significados. Um trecho logo a seguir explicita isso:

Manecas foi o primeiro quem lhes topou na preparação do cerco. Desafio suspenso no campo dá desafios fora do jogo, sem penalidade. A velocidade nos pés era grande nem mesmo que compreendíamos só como é que estávamos a correr então. Nenê Gordo empalitava maravilhosamente na berrida. Muros altos eram terra plana em nossas pernas correndo. Soldados disparados atrás de nós, cavalgando metros. (Cardoso, p.28)

O jogo é suspenso e o que parece uma briga entre os times da peleja que se desenvolvia, torna-se uma perseguição policial em que as vítimas são as crianças que há pouco se divertiam no campo de futebol. A partir da sobreposição de planos, desenha-se o cenário de opressão, o qual se define a partir do *leitmotiv* que percorre a narrativa: "Sessenta e um quente", que se refere ao ano de 1961 em que se iniciaram as ações armadas nacionalistas contra o colonialismo que tiveram uma reação sangrenta por parte dos colonos especialmente nos musseques de Luanda.

Já no conto de Jofre Rocha, as diabruras dos miúdos Novato e Zeca Kamakóri desenovelam estórias e História da gente do musseque, abrindo mão da linearidade do relato para instalar um tempo predominantemente lúdico:

> E as vozes dos monandengues a cantar com barulho, começavam encher o ar como o piar atrapalhado das andorinhas a correr depressa pertinho do chão, naquela hora quando estão já saber que vai cair chuva. E vinha mesmo chuva na raiva do João Pastorinho, que saía lá dentro a xingar nas mães deles, a procurar pedra para lhes arrumar. (Rocha, 1980, p.8)

O trecho nos fala das traquinices de dois irmãos e seus colegas contra um homem do musseque. É importante salientar que toda a narrativa desenvolve-se a partir da perspectiva infantil e, dessa forma, o leitor é lançado no cotidiano das crianças, acompanhando-lhes as intensas brincadeiras, até o anoitecer, quando

> (...) cansados da brincadeira do dia, iam descansar e dormir, para sonhar com as coisas boas que andavam ver nas lojas e com as brincadeiras mais juadas que iam pôr no dia novo que ia nascer. (Rocha, 1980, p.13)

Mas na galeria dos monandengues merece ser destacado ainda o livro *No antigamente, na vida* (1987), de Luandino Vieira, por apresentar algumas personagens que se afastam da exemplaridade das crianças citadas até o momento.

A primeira narrativa do livro, "Lá em Tetembuatubia", relata uma viagem imaginária de um grupo de moleques do musseque, por meio de um "papagaio", e que tem como ponto de chegada Tetembuatubia, "a estrela-de-fogo-de-estrelas". O guia dessa viagem é Turito, o "refazeiro de mundos" que, a partir de referências à Bíblia ou aos contos tradicionais angolanos cria um novo universo onde as crianças – e o leitor – se instalam.

"Estória d'água gorda" apresenta a visão contraditória que Dinito, um menino de dez anos, tem da morte de seu amigo Cadinho.

Já "Memória narrativa ao sol de Kinaxixi" apresenta um sonho em três versões diversas, elaboradas a partir da enigmática menina, Urânia, que remete a uma kianda ("um soletrado nome só e é a verdade mesmo? Ou lhe nasci ainda, mentira de minha vontade, sonho?"). (Vieira, 1987, p.93)

Turito, Dinito, Urânia são personagens infantis de estórias em que, ao lado da elaboração poética do relato, comparece a temática da violência, consubstanciada em um mundo perverso em que o sangue, a morte, o assassinato cruel de pássaros e insetos cometidos pelos moleques são motivos constantes. Resvala-se do onírico e da brincadeira dos textos anteriores para um mundo da escravidão, das "palavras podres":

Bardamerda! – voltou o Neca, a gente balançava só nossas cabeças burras, sins assentimentos sem querer. – Quiupariu! – rigougou mais. E se avançou de pernas cambas, tirou os capins todos da lavra: tu, tu e tu! – a gente agora estávamos divididos na areia babélica: eu e Zeca, no lado do profeta do papagaio de papel, com seu escravozito, o Broa, ferrenhíssimo; do outro lado, os todos outros, lázaros terráqueos só. (Vieira, 1977, p.47)

Trata-se aqui da divisão "na areia babélica" de várias vozes e linguagens, da violentação da língua portuguesa a partir das matrizes da oralidade e do quimbundo, como a indicar que novos tempos – de aceso confronto – estavam a chegar.

Pioneiros

Cremos que a violência presente nessas personagens como que antecipa os tempos que viriam e que Manuel Rui flagra de maneira magnífica em "Cinco dias depois da independência" (*Sim camarada!*, 1985) ao focalizar um grupo de *pioneiros*[11] que participa dos con-

---

11 Forma com que em Angola, logo depois da independência, designavam-se as crianças, encaradas como os pioneiros do novo tempo e do "homem novo".

flitos ocorridos na cidade de Luanda nos dias que antecederam a proclamação da independência do país.

Corriam velozes os pioneiros nessa corrida de ninguém ver de ninguém ouvir os senhores da noite. Que mais ninguém que eles conhecia tanto as noites de guerra, conversava com elas em clandestinidade segura, lhes ouvia dolentes queixumes, o latir dos cães, o choro das ambulâncias ou lhes contemplava o brilho das estrelas. E, nesse deambular às noites, semeavam também a certeza da vitória, algo detido entre a imaginação, o sonho, as palavras do Camarada Presidente, os cânticos revolucionários, as manifestações e os mortos daquele agora de Luanda. (Rui, 1985, p.35)

O narrador onisciente acompanha de perto as crianças que formam um agrupamento mirim envolvido na guerra que assolou a cidade de Luanda. Assim, Kwenha, nome de guerra do pequeno "comandante", recebe não só a focalização privilegiada, como será sua a ótica que prevale. Ainda que o narrador, demiúrgico, não se furte a interromper a narração dos fatos para realizar juízos de valor como nos seguintes trechos:

(...) o povo saía do asfalto rumando para os musseques, sítio aí de mais chover a tempestade de balas. Porque se lá era o ponto onde mais se azimutava o ódio da *fnla* também era por esses ziguezagues de casas e caminhos de esforço, conspira e arma clandestina, que mais se opunha a resistência popular. E generalizada, diga-se, muito antes do nosso mais que Presidente Camada Neto. Mas é por isso mesmo que em homenagem eu vou parar de parágrafo antes que dê seguimento a este contar coisas acontecidas.
(...)
Por isso o povo corria. Corria sempre para os bairros, lugares de velhos sofrimentos. Lugares de teima-vida. Lugares de morte, também

---

Designação também usada para os militantes da OPA – Organização dos Pioneiros de Angola.

mas sempre lugares de vitória. E certa! Que a luta continua. (Rui, 1985, p.102-3)

Como se pode verificar, é difícil deixar à margem esse narrador intruso que busca um pacto com o leitor por contar "coisas acontecidas" e cujo discurso indicia um vínculo estreito com o Movimento Popular de Libertação de Angola (MPLA), a ponto de fazer suas as palavras de ordem do partido: "A vitória é certa. A luta continua" e, dessa maneira, misturando sua voz à oficialidade partidária.

A notar ainda, no que se refere ao enredo do texto de Manuel Rui, que nele se inscrevem os desdobramentos da guerra de libertação de Angola, já que os opositores ao esquadrão das crianças comandadas pelo menino Kwenha é a Frente Nacional de Libertação de Angola (FNLA), um dos movimentos (e hoje partido legalmente constituído) envolvidos na luta de libertação e adversário do MPLA.

A essa luz, o embate aí referido, responsável pela morte do garoto protagonista, como que antecipa a longa guerra fratricida que varreria Angola nos próximos anos (entre o governo, do MPLA, e a Unita), destruiria todas as infra-estruturas, fazendo o país aproximar-se perigosamente da barbárie.

Não se pode, contudo, esquecer que a guerra de libertação é o episódio inaugural da nação angolana e, graças a ela, é que se pôde construir um país, dando a seus habitantes a dignidade e a oportunidade de eles se tornarem os sujeitos de sua própria história.

E, sob esse aspecto, o texto de Manuel Rui é exemplar quando faz referência à madrugada do dia 11 de novembro de 1975, o início do primeiro dia depois da independência de Angola:

> Flores, tocadas pelo sabido vento de tantos heróis, desprendiam o orvalho fresco e doce na boca da terra. Então, quando o sol se levantou do mar antigo e ultrajado dantes, desprendendo sua solta cabeleira de luz e força, Carlota ficou que instante a contemplá-lo. Era o primeiro sol em liberdade.

– Já nasceu o sol. Primeiro dia depois da independência! Parece um sonho camarada.

O guerrilheiro ergueu-se num salto, deu dois passos em frente, apontou a espingarda nos esconderijos da lua e de rajada limpou o carregador.
– Sim, camarada. – Disse depois de assoprar o fumo do cano.
E nas narinas de Carlota, o cheiro da pólvora entrava parecia era perfume. (Rui, 1985, p.184)

Segundo entendemos, há nesse texto de Manuel Rui um certo caráter premonitório que pode ser inferido quando na novela o primeiro sol da independência é saudado com os tiros do guerrilheiro. Ora, essa imagem se por um lado reafirma o papel que a luta de libertação teve no nascimento das jovens nações africanas, das quais Angola não é exceção, também permite que reflitamos sobre a continuidade da guerra mesmo após a libertação, e do cheiro de pólvora que inebriou durante quase trinta anos os "senhores da guerra" naquele país. Da mesma maneira, a morte da personagem protagonista, Kwenha, talvez pudesse ser vista como uma dolorosa antecipação dos desafios quase incontornáveis à frente dos pioneiros, como se pode ver em um outro livro de Manuel Rui, *Quem me dera ser onda* (1985). Ali, como se recorda, duas crianças, Ruca e Zeca, quando o pai traz ao apartamento do sétimo andar do edifício luandense em que residem um porco com a intenção de engordá-lo e fazer uma lauta refeição, adotam o animal como bicho de estimação. Usando dos mais diferentes expedientes, as crianças passam a cuidar do suíno que recebe o nome de "carnaval da vitória", cujo sentido simbólico é evidente[12]. Apesar dos esforços, entretanto, o porco serve como banquete aos vizinhos e às crianças guarda-se o papel de guardiãs de uma teimosa utopia que resiste, apesar de tudo.

Há, no entanto, outras focalizações sobre o período imediatamente anterior à independência, conforme se pode verificar ao ler o ro-

---

12 O 27 de março de 1977, data nacional que assinala o "Carnaval da Vitória", comemora a expulsão dos invasores sul-africanos do território angolano graças ao auxílio das tropas cubanas às Forças Armadas Populares de Libertação de Angola – Fapla.

mance *Geografia da coragem* (1980), de Jorge Macedo. Nessa narrativa, que se abre com um alerta ("não situar as cenas senão em Angola entre Agosto e Setembro de 1975, nem mais nem menos") marcando-se de forma inquestionável o período em que se desenrolam as ações, encontramos logo às primeiras páginas um piano com forte carga simbólica:

– Anda todo mundo comprando haveres dos que se estão indo para fora do País, por motivos diversos, só eu me vou amarrar ao antigamente, ao à mesma... Minha gente compra mobília... vasos... flores... geleira. Eu comprei um piano. Que mal?
(...) E assim é que pela primeira vez no Musseque anda no ar o primeiro concerto-livre de miúdos pianistas, músico borboleta, ouvidos de passantes e vizinhos, melodia de traquinice. (Macedo, 1980, p.18)

Como se pode perceber, o instrumento musical aponta não só para o momento em que a instabilidade político-social e a aproximação da independência levaram numerosos brancos a deixarem Angola, como também indicia os novos tempos, em que é possível ouvir a canção livre, de "músico borboleta", executada em um piano no musseque. Ou seja, é a música dos novos tempos que se entoa no bairro símbolo da resistência nacionalista.

Um outro texto, mais recente, ilumina, sob ângulo diverso, a formação dos pioneiros e das crianças no período logo após a independência: referimo-nos ao *Bom dia camaradas*, romance de Ondjaki (2003). Narrado em primeira pessoa, ele acompanha o cotidiano de uma criança que vive em Luanda e enfrenta diversos problemas como, por exemplo, o do abastecimento, a violência nas ruas e na escola. Veja-se, por exemplo, como o texto articula de forma inteligente o relato e os dados da realidade da Luanda dos primeiros anos após o 11 de novembro de 1975, a partir dos numerosos chocolates e outros presentes que a tia do narrador traz de Lisboa ao menino:

Às vezes, quer dizer, muito de vez em quando, aparecia chocolate lá em casa, mas assim três tabletes para cada um, acho que era a primeira vez que me acontecia. Eu fiquei logo a pensar naquela quantidade de coisas que ela tinha trazido, e eu estava mesmo a pensar que ela devia ter pedido a diferentes pessoas, com diferentes cartões de abastecimento, para comprar aquelas prendas, mas ela disse que não tinha cartão nenhum, e que não era preciso isso. Como eu estava atrasado para a escola, pensei em deixar a conversa para mais tarde. (Ondjaki, 2003, p.41)

O contexto angolano do período logo após a independência, em que uma proposta de economia planejada chocou-se com as dificuldades de construção do jovem país, transforma-se em motivo literário no trecho acima, a partir da lógica que articula o pensamento do narrador-protagonista. Sem dúvida, a focalização privilegiada do mundo a partir da ótica infantil, acompanhada da linguagem da criança, em que há preponderância da parataxe e reiteração de vocábulos, cria uma empatia do leitor com o narrador, não deixando, todavia, de instaurar um estranhamento frente a situações de banalização da violência como a descrita no mercado Roque Santeiro:

> Peguei na sandes dela, perguntei se ela queria; ela não queria, comi! Mas como ela estava impressionada já nem lhe contei o que andavam a fazer no Roque Santeiro quando apanhavam ladrões, coitados, punham só o pneu, petróleo, e ainda ficavam ali a ver o homem a correr dum lado pro outro, a pedir para lhe apagarem. Não sei, há quem diga que nessa altura de queimarem os ladrões com pneus os assaltos diminuíram, mas isso já não posso confirmar. (Ondjaki, 2003, p.58)

Por outro lado, o ambiente familiar e as aulas com os cooperantes cubanos são descritos como muito positivos, indicando que, em meio ao caos urbano e às dificuldades de um país em formação, o sonho ainda era possível:

> Mas não era só do professor Angel e da professora María. Nós gostávamos de todos os professores cubanos, também porque com eles as aulas começaram a ser diferentes. Os professores escolhiam dois monitores por disciplina, o que primeiros gostávamos porque eram as-

sim uma espécie de segundo cargo (por causa do delegado de turma) mas não depois não gostamos muito porque para ser monitor *había que ayudar a los compañeros menos capacitados* (...)
A camarada professora Sara era muito boa, como viu que ninguém tinha vontade, aproveitou só para explicar os pormenores do desfile do dia seguinte. (...) Ela só nos disse pra irmos fardados, limpos, pra não esquecermos do lenço da OPA, e quem quisesse podia trazer cantil. (Ondjaki, 2003, p.18, 65)

Conforme se verifica, em *Bom dia camaradas* temos a normalidade possível na vida de um pioneiro angolano, com suas brincadeiras, seus sonhos e desejos. E, sob esse aspecto, esse romance é o único dentre os textos da literatura angolana contemporânea que focalizará os pioneiros, que ainda usam os lenços da OPA nas manifestações cívicas e carregam a esperança de construção de um país de igualdade e fraternidade.

A maioria dos textos produzidos no século XXI irá mostrar uma outra realidade, na qual os órfãos de guerra e as crianças de rua substituirão os monadengues e os pioneiros.

Crianças de rua

Os sonhos gerados a partir da independência não se tornaram uma realidade completa e, dessa maneira, é que verificaremos na literatura realizada a partir dos fins dos anos 80 a presença de personagens infantis cujo perfil é bastante diverso dos até aqui apresentado, já que elas serão, sobretudo, agressivas e desligadas de suas famílias, pois são os "meninos e meninas de rua".

Um número significativo de textos escritos depois de 1980 em Angola dá destaque a essas personagens. Citemos alguns deles. A começar, o romance de Hendrik Vaal Neto, intitulado *Roque, romance de um mercado* ao qual já nos referimos, e que em vários momentos focaliza crianças desligadas de suas famílias, como Kacekele:

> Para o Kacekele o dia também não fora nada mau: fez três mil e setecentos Kwanzas. Fora menino de rua. Vivera com o pai num musseque

de Luanda até a idade de 13 anos, mas este maltratava-os, a ele e a dois irmãos (...).
Cansado daquela vida, fugiu para ficar definitivamente na rua aos treze anos. Os primeiros dias foram extremamente difíceis: não queria pedir esmola e quando ia para lavar carros, os outros miúdos escorraçavam-no (uma vez até quis lutar, mas saltaram todos sobre ele e bateram-lhe violentamente). Um dia, ao cair da tarde, pensou em roubar um retrovisor dum carro parado havia muito tempo na esquina da rua, mas não tinha chaves de fenda. Lembrou-se do amigo da loja e, sem dizer para quê, foi pedir-lhe a peça. (Vaal Neto, 2001, p.72)

A trajetória da humilde personagem, que de garoto solto no mundo, vivendo às próprias custas, chega a vendedor no mercado Roque Santeiro, com estabilidade financeira e família formada, trai a esperança que move o relato e aponta um futuro possível para os meninos de rua e, sob esse particular, pode-se dizer que a narrativa apresenta a mesma "sagrada esperança" de textos anteriores que projetavam uma nação constituída a partir da felicidade e da paz.

Algo diverso é desenhado a partir da configuração dos meninos apresentados no instigante romance de Roderick Nehone intitulado *O ano do cão* (2000). Neste texto, que revisita três momentos importantes da história angolana (o período que antecedeu a independência, os primeiros tempos da Angola independente e o agora), encontramos um órfão de guerra que chega a Luanda e acaba "residindo" num dos bancos do Largo da Mutamba, no centro de Luanda:

Atravessou com certa atrapalhação a rua e foi sentar-se num dos bancos das paragens de autocarro no largo da Mutamba. Aí concentram-se durante o dia inúmeros transeuntes que saindo ou indo para o trabalho, às compras ou para outros afazeres da vida, servem-se do transporte coletivo. Estão também alguns desempregados, desesperados, anciãos à espera da esmola de quem tenha pena do seu destino, vendedores de jornais e miúdos engraxadores, prostitutas adolescentes ao cair do dia e polícias de trânsito nalguns laivos da madrugada.
O primeiro dia, como sempre nessas aventuras por lugares desconhecidos, seria o mais incerto. (Nehone, 2000, p.78)

O abrigo escolhido pela personagem será contestado por outros meninos moradores da rua, e somente a presença do enorme cão que o acompanha impedirá que seja espancado pelos companheiros de infortúnio. Mas as adversidades que enfrentará serão ainda maiores: as drogas, os estupros e a lei das ruas, até que seja recolhido a um orfanato, local onde, emblematicamente

antes fora instalado o *acampamento de pioneiros Augusto N'Gangula*. Na década de oitenta quase todos os anos, na semana em que se comemorava o 1 de Dezembro, "Dia do Pioneiro Angolano", crianças provenientes de vários países reuniam-se em festa naquele lugar. (...) Depois da guerra de 1992, com o aumento brusco da quantidade de crianças deslocadas e abandonadas a pululam pelas ruas de Luanda o governo decidiu alterar a vocação daquelas instalações (...) (Nehone, 2000, p.223) (Grifamos)

Para este menino, que poderia simbolizar as várias crianças abandonadas e os órfãos de guerra, a segurança e a estabilidade somente seriam encontradas no espaço que antes abrigara os pioneiros do período imediatamente após a independência, momento em que a utopia era possível e que no romance de Nehone passa a ser identificado à possibilidade de salvação dos meninos de rua. Assim, ainda que desvendando um cenário de abandono e violência, a narrativa desenha uma possibilidade de felicidade.

O mesmo fenômeno da infância abandonada, mas focalizado com muito maior violência encontra-se no conto de Fragata de Morais intitulado "Martinha", do livro *Momento de ilusão* (2000). Iniciando-se com um encontro fortuito na Ilha de Luanda entre um angolano mais-velho e duas crianças, acaba por tematizar a prostituição infantil, o desamparo dos miúdos e suas carências – sobretudo a fome que as assola.

"Chamo-me Toninho", disse, mentindo.
"Toninho, queres-me tirar o cabaço?" Perguntou com toda a naturalidade Martinha.

(...)
"O que disseste?", quis confirmar.
Martinha riu, riu e olhou para a irmã. Depois chegou-se outra vez a ele.
"Perguntei se o amiguinho me quer tirar o cabaço", repetiu com a mesma naturalidade.
Serafim quedou-se calado por muito tempo. Tão absorto estava que nem notou que Martinha continuava a acariciá-lo com um dedo, pela perna, como que escrevendo.
"Se me perguntas isso é porque já o não possuis...", disse, como que falando para si próprio. "Que idade tens então?", indagou despertando.
"Tenho doze anos, fiz o mês passado. Olha, amiguinho, és casado?", insistiu.
E quem te tirou o cabaço então?, quis saber para por aquela estória a limpo.
"Foram uns senhores da Unavem quando a gente veio de Malange. Estivemos com eles um pouco, eram assim castanho escuro, já não sei que país. Depois andámo com indiano e brasileiro, mas fugimo porque os brasileiro não prestam, não têm dinheiro. Nos levam só e depois nos deixavam, não davam nada, só coca-cola ou cerveja. Hoje já não andamo mais com os da Unavem, bom memo é os pula portuguêses. Nos levam nos apartamento deles, nos mandam tomar banho, nos dão de comer e depois a gente fica lá. Se deitamo com eles, amiguinho, nos dão biquíni, sapato e outras coisas. É bem fixe... Mas amiguinho, responde só então, és casado?"

O predomínio da cena (*showing*) é o recurso narrativo mais importante no impacto que a narrativa tem sobre o leitor, na medida em que não há juízos de valor interpostos por um narrador: apenas o flagrante de uma cena da Luanda violenta do período da guerra e que torna banal a violência. Veja-se, por exemplo, a referência às "tropas de paz" enviadas pela ONU (a Unavem) no aliciamento e prostituição das crianças. A notar ainda que, mais uma vez, a Ilha de Luanda é cenário de uma narrativa, agora como símbolo do lazer da burguesia luandense e espaço em que as meninas prostitutas tentam aliciar seus clientes.

O triste fenômeno das catorzinhas[13] está também tematizado no conto "O coronel do prédio do cão" (*Kasakas & cardeais*), de autoria de Jacques dos Santos (2002, p.32-3). Aqui temos Dalila, uma deslocada do Huambo, conhecida no prédio onde mora o narrador Zeca Fernandes, como a "catorzinha do sétimo":

(...) Zeca Fernandes que em troca de uns episódios da telenovela que passava na parabólica

que a TPA não ia passar

e de uns empréstimos quase diários de cebola, óleo, açúcar, sal,

essas coisas que normalmente aos vizinhos se pedem

acompanhados de vez em quando
nos dias das sessões novelísticas

de um bom bife

que sobrava do almoço

ou duma bruta xandula de queijo com manteiga ou mesmo de choriço e das inevitáveis coca-colas,

ela não se contentava com uma

apreciou as qualidades de Dalila.

O texto acompanha o cotidiano de um prédio deteriorado em suas infra-estruturas, como a maioria dos existentes na cidade de Luanda, o chamado "Edifício do cão", e seus moradores, entre eles a "catorzinha". Como o ponto de vista predominante é o de Zeca, um

---

13 "Catorzinha" vem de quatorze, idade média das meninas prostituídas.

arrematado malandro, a narrativa assume-lhe a visão, como se pode observar no trecho acima em que as observações da personagem (apresentadas com tipos de tamanho diferentes) se misturam ao relato do narrador, o que faz com que a prostituição de Dalila tendo como paga algumas horas de televisão internacional – "a parabólica" – ou refrigerantes e comida, pareça um ato normal.

Sob esse aspecto, pode-se aproximar as duas narrativas ("Martinha" e "O coronel do prédio do cão") a partir do movimento de banalização da violência contra as crianças que ambas denunciam: ainda que utilizando procedimentos narrativos diversos (o recurso à predominância da cena e as diferenças de visão entre narrador e personagem), os dois contos transformam a prostituição e o abuso de menores em elemento do cotidiano que não choca as personagens. A revolta fica por conta dos leitores.

O que se pode afirmar, ao examinar as narrativas com personagens infantis elaboradas ao longo dos últimos cinqüenta anos em Angola é que a denominação dessas personagens indicia, por um lado, a mudança do *status* que as crianças foram tendo na cultura de Luanda; e, por outro, a continuidade da literatura com o papel de denúncia das situações de carência e violência.

Os homens

Os homens que habitam a Luanda de papel são, na maioria dos textos, trabalhadores exemplares: via de regra, residem nos musseques luandenses, desenvolvem seu trabalho na Baixa, onde são vítimas das péssimas condições de trabalho ou, na literatura produzida durante os anos 70, sofrem com a violência colonial de um país em que a luta de libertação vai acesa.

Veja-se, por exemplo, o mecânico Kakuiji, do conto "O feitiço no bufo Toneto", de autoria de Luandino Vieira (*Vidas novas*, 1982) cuja definição é dada pelo personagem Estudante: "(...) tudo quanto você pega, trabalha, tudo o que você conserta, fica bom, não interessa é carburador, não interessa é diferencial." (Vieira, 1982, p.73).

Ou seja, trabalhador competente, com talento para a mecânica, a personagem é o militante ideal do "Eme", como se verá ao longo do texto.

Na mesma senda, encontramos Xavier José, cobrador honestíssimo e trabalhador incansável do conto "Uma rosa para Xavier José", de autoria de Jofre Rocha (*Crônicas de ontem e de sempre* -1981):

> Exemplo do lutador que não se verga, um símbolo da determinação, da vontade de lutar e vencer na vida.(...) Deve ter sido difícil, deve ter sido um suplício a vida de quem (...) deixava em casa crianças a chorar sem pão e saía à cobrança de montes e montes de dinheiro, notas novinhas e suadas, para entregar a um patrão. (Rocha, 1981, p.45-6)

E, apenas para dar mais um exemplo, veja-se o pedreiro do conto "Razão de luta", de Jorge Macedo (*Gente do meu bairro* – 1977):

> – Eu senhor pedreiro, eu faço as casas boas de telha e cimento armado... eu FAÇO A CIDADE... estou a lutar com chuva, sol, geada, vento frio cacimbo... e os colonos (os hóspedes) é que vivem nas casas boas que saem no meu trabalho!!!... (Macedo, 1977, p.103)

Cremos que a citação é bastante eloqüente quanto à função que o trabalho exerce na constituição da personagem, ao mesmo tempo em que a questão do "fazer a cidade" permite-nos refletir sobre o papel do trabalho na Luanda da escrita.

Deve-se referir, entretanto, personagens da literatura pós-independência que fogem a esse perfil: os representantes da recente classe média urbana da qual o empresário Alegria da Costa (*Clandestinos no paraíso*, de Luís Fernando, 2005), com seus numerosíssimos casos amorosos é exemplar, na medida em que apontam o caráter predatório dessa nova classe.

Há de se referir, no entanto, um grupo de personagens que se colocam na contramão do verdadeiro louvor ao trabalho: trata-se dos malandros, que aparecem em alguns textos e merecem ser focalizados com mais vagar.

Os malandros de Luanda

Em famosa composição, o brasileiro Noel Rosa afirmou que o malandro "é coisa nossa, muito nossa", referindo-se à suposta exclusividade brasileira desse anti-herói. Sem querer desmerecer um dos maiores compositores populares do país, podemos afirmar que o malandro, habitante do imaginário brasileiro e que sintetizaria em sua malícia e em sua esperteza em escapar de situações desagradáveis alguns de seus traços fundadores, é uma figura híbrida que freqüenta não apenas a literatura brasileira e as "rodas de bamba" dos morros cariocas. Ainda que com outras roupas e ginga – pode ser encontrado em textos angolanos, percorrendo as ruas de Luanda e seus musseques.

Antes, porém, de discutirmos alguns textos da literatura angolana em que a presença do malandro é marcante, vale definirmos melhor as linhas que compõem essa personagem, detendo-nos, ainda que brevemente, nas reflexões e pesquisas de alguns estudiosos.

Vale também lembrar que o malandro é uma personagem muito pouco estudada quer na literatura portuguesa – onde teria nascido a partir dos contos populares de Pedro Malasartes – quer na literatura angolana. Dessa forma, lançaremos mão de estudiosos brasileiros que se detiveram no exame dessa curiosa personagem.

Iniciamos com o antropólogo Roberto DaMatta que em *Carnavais, malandros e heróis*: para uma sociologia do dilema brasileiro (1969) focaliza algumas das criações sociais que refletem os problemas e dilemas da situação social brasileira. Relativamente ao malandro, a quem dedica o capítulo V (Pedro Malasartes e os paradoxos da malandragem), o estudioso, na senda do texto seminal de Antonio Candido, "A dialética da malandragem" (1993), busca traçar a gênese do malandro, situando-a na torrente da tradição popular, mais especificamente nos "causos" e contos do anti-herói Pedro Malasartes, o qual não respeita e nem crê nos valores da autoridade e do poder, mas, contraditoriamente, aproveita-se deles em seu próprio benefício, atuando sozinho, a fim de sobreviver.

Procurando verificar as contradições do malandro, DaMatta observa que:

> Quem tem bens de raiz, família e segue as leis está preso à ordem, condenado de fato a nela viver e morrer. Mas Malasartes atua individualmente num universo marcado pelas hierarquias e leis globais e impessoais. Seu jogo é sempre personalizar a lei geral, o que permite vencê-la (...).
> Malasartes é um ser da liminaridade, revelando que nem todos precisam entrar na ordem como empregados. (...)
> Pedro não renuncia completamente à ordem, mas também não fica na plena marginalidade. (DaMata, 1969, p.300-1)

Como se pode observar, o antropólogo brasileiro apresenta como uma das características fundamentais do malandro a contradição, ou melhor dizendo, a *ambivalência* (por exemplo, em sua resposta às leis e à hierarquia), já que não nega totalmente o mundo que o oprime, pois o faz trabalhar para si, ao "personalizar", por exemplo, "a lei geral". Vale também ressaltar que DaMatta aponta a questão da *liminaridade* dessa personagem, que vive entre a lei e a marginalidade, nas franjas do que Antonio Candido em seu artigo antes citado chamou de "mundo da ordem".

Não muito distante desse mesmo quadro de referência, temos o estudo de Ricardo Goto que ressalta as seguintes características do malandro:

> Hospitalidade e malícia, a ginga, a finta, o drible, a manha e o jogo de cintura (...) o "jeitinho" que pacifica contendas, abrevia a solução de problemas, fura filas, supre ou agrava a falta de exercício de uma cidadania efetiva. (Goto, 1988, p.11)

Ora, a enumeração de algumas características do anti-herói malandro, vinculando-o a uma sociedade que prima pela exclusão, sem dúvida reforça os laços que o unem ao pícaro, espécie de seu "primo mais velho" o qual, nascido na Espanha em uma sociedade excludente que se assemelha em alguns traços à descrita por Goto[14], tem de usar de subterfúgios e expedientes para poder sobreviver em meio adverso. Dessa forma, vemos que o malandro teria um certo parentesco com o pícaro.

O conhecido estudo de Cláudia Matos intitulado *Acertei no milhar* (1982), traça uma trajetória do malandro, vinculando-a aos grandes bolsões de pobreza que eram os morros cariocas e, dessa forma, realiza uma identificação entre um novo ritmo que nascia no Rio de Janeiro e os homens que o criavam:

> Os sambistas do Estácio, que juntamente com a Cidade Nova, Saúde, Morro da Favela, Gamboa, Catumbi, Morro de São Carlos etc., formavam um reduto de ex-escravos e seus descendentes, foram os primeiros a ostentar a designação de "malandros" e a orgulhar-se dela. O samba dito "malandro" já surgia em movimento, e transitando na fronteira. Paradoxalmente, era pela afirmação de sua estranheza, de sua diferença, que este samba ingressava no reconhecimento da sociedade global. (Matos, 1982, p.41)

"Estranheza", "diferença" e movimento, bem como a questão da origem racial do malandro entram aqui como elementos importantes em sua definição, enfatizando-se a questão da fronteira.

As definições acima de certa maneira podem ser iluminadas pelo clássico ensaio de Antonio Candido[15], o "Dialética da malandragem"

---

14 Para Gonzáles, o contexto histórico em que nasce a picaresca clássica "significa a adoção, pelas classes dominantes, de um modelo social e político caracterizado pela centralização das decisões, na forma da monarquia absoluta, e pela unificação ideológica dos cidadãos peninsulares". Isso implicaria a exclusão de largas parcelas da população: os pobres e também a burguesia emergente e "até os grupos da nobreza menos poderosos ou que não se identifiquem com a ideologia do projeto." (Gonzáles, 1994, p.21).

15 Vale lembrar Roberto Schwarz que reflete sobre as linhas de força do texto de Antonio Candido e assim as resume: a reunião de "uma análise de composição, que renova a leitura do romance e o valoriza extraordinariamente; uma síntese original de conhecimentos dispersos a respeito do Brasil, obtida à luz heurística da unidade do livro; a descoberta, isto é, a identificação de uma grande linha

que, ao avaliar o romance *Memórias de um sargento de milícias*, abre também um leque bastante amplo de análise de uma sociedade que abriga tipos próximos do anti-herói protagonista do livro de Manuel Antônio de Almeida. Pontuando a relação literatura e sociedade (focalizando privilegiadamente a jovem sociedade brasileira a qual cria normas "rígidas e impecavelmente formuladas, criando a aparência e a ilusão de uma ordem regular que não existe e que por isso mesmo constitui o alvo ideal" Candido, 1993, p.49.) Antonio Candido acaba por afirmar que o herói do romance, Leonardo Pacata,

> não é um pícaro saído da tradição espanhola, mas o primeiro grande malandro que entra na novelística brasileira, vindo de uma tradição quase folclórica e correspondendo, mais do que se costuma dizer, a certa atmosfera cômica e popularesca do seu tempo, no Brasil. (Candido, 1993, p.25)

e aponta, com grande propriedade, como princípio estruturador dessa narrativa a dialética "ordem e desordem, que manifesta concretamente as relações humanas no plano do livro, do qual forma o sistema de referência". (Candido, 1990, p.36)

Ora, ao definir a personagem Leonardo Pataca como *malandro*, Candido frisa-lhe, sobretudo, o caráter híbrido. Assim, seu trânsito entre a ordem e desordem, entre o lícito e o ilícito, em um universo em que há "uma certa ausência de juízo moral (...) mistura de cinismo e bonomia" (p.39) como que resume as características que vimos apontando:

> Ser da liminaridade
> Pertencente a uma zona da inconsistência;
> Dono de ginga e drible buscando suprir uma carência de cidadania
> Astucioso, tentando sempre burlar as forças da Ordem

---

que não figurava na historiografia literária do país, cujo mapa este ensaio modifica; e a sondagem da cena contemporânea, a partir do modo de ser social delineado nas *Memórias*". (Schwarz, 1987, p.130)

> Um marginalizado
> Estranho, diferente, da fronteira
> De origem humilde, não raro largado no mundo
> Tem sua matriz na tradição popular, em "uma atmosfera popularesca"

Segundo entendemos, é na confluência dessas características que poderíamos definir o malandro e, a partir delas – e no que têm, inclusive, de recuperação de vestígios (aos quais Glissant denominaria *traces*) de culturas diversas a partir do "popularesco" e do oral – indicar o conceito de hibridização como perspectiva bastante produtiva para pensar essa personagem.

Dessa forma, o malandro – ser que passa ao largo de uma previsibilidade tranqüilizadora, para instaurar-se na heterogeneidade, no diverso, no impuro – remete-nos diretamente ao híbrido (do grego *hybris*, "o que violava as leis naturais"), o que remete às reflexões de Guy Scarpetta:

> O que um termo como impureza me parece caracterizar não é apenas a heterogeneidade dos registros ou dos materiais utilizados, mas a maneira de tratar estes choques, esta multiplicidade ativa. (Scarpetta apud Bernd, 1998, p.17)

Ora, essa perspectiva apontada por Scarpetta, ou seja, a de que nossa atenção deve ser guiada não apenas para o registro do diverso, mas também e, principalmente, para a estrutura que a multiplicidade constrói, permite-nos pensar os textos em que a personagem do malandro aparece não apenas no marco de uma nacionalidade, mas alargar-lhe os domínios, para situá-lo como herói de uma escrita em que a ambivalência prevalece, construindo textos de uma "multiplicidade ativa". E, dentre elas, sem dúvida, merece destaque a concorrência de matrizes da oralidade e do registro culto, instaurando uma tensão que instiga os textos a encontrarem soluções, ainda que não definitivas, para essas contradições.

Dessa forma, podemos focalizar, por exemplo, a personagem do malandro tenha ela sua aparição como Bakoulou, dos textos literários e de música popular do Haiti, tão bem analisado por Maximilien Laroche (1998, p.29-41), ou Lomelino dos Reis, de um texto do angolano Luandino Vieira.

Há de se ter cautela, todavia. Pois se a espacialidade pode ser alargada quando examinamos textos literários em que há aparição do malandro, não se pode deixar à margem o tempo ou, em outros termos, a história já que suas marcas são, via de regra, visíveis naqueles textos. Sob esse particular, vale lembrar as reflexões de Laroche:

> (...) o que está vivo é mergulhado no longo rio da História. E o homem americano está ainda se fazendo, pois três séculos não foram suficientes para se desfazer de uma conquista cujos efeitos persistem. É portanto, preciso examinar as contradições, as oposições objetivas e as ambigüidades, contradições não objetivadas, como vagas contrárias de uma História que está se fazendo. (Laroche, 1998, p.40)

Colocando, pois, a questão da contradição e da ambigüidade no panorama mais amplo das tensões estabelecidas pela colonização, o estudioso haitiano resgata a questão do híbrido não apenas como recurso literário, mas também como um projeto político.

É a partir desse quadro de referências crítico-teóricas que podemos situar a presença de alguns malandros no âmbito da literatura angolana, referindo-nos às personagens dos textos de José Luandino Vieira, Manuel Rui, Uanhenga Xitu, Boaventura Cardoso e João Tala. Com esses exemplos, pretendemos demonstrar que aos malandros não é alheia a cidade de Luanda. Examinemos, pois, mais detidamente, os textos de cada um desses autores.

As estórias de Luandino Vieira privilegiam como espaço dos acontecimentos descritos em seus contos, novelas e romances a cidade de Luanda e os habitantes dos musseques.

Os personagens de suas estórias constituem uma galeria de tipos que compreende, sobretudo, acabados malandros como Lomelino dos Reis e seus companheiros Via Rápida e Kam'tuta do conto "Estória do ladrão e do papagaio" (*Luuanda*, 1972)[16], o contínuo Xico João ("magro e não muito alto, usava mesmo aquele passo elástico característico dos queridos das moças da farras, dos miúdos das claques de futebol") do romance *A vida verdadeira de Domingos Xavier* (1974), o pedreiro diambeiro Sobral (*Velhas estórias*, 1974), ou o presidiário, ex-músico, ex-engraxate, vendedor, servo de vários senhores chamado João Vêncio – um dos diversos nomes de Juvêncio Plínio do Amaral (*João Vêncio: os seus amores*, 1979). Não se pode ainda esquecer que na literatura de Luandino há também lugar para heróis positivos como Lucas Matesso (*Vidas novas*, 1975) ou a personagem título de *A vida verdadeira de Domingos Xavier* (1974).

Com relação aos textos do angolano Uanhenga Xitu (nome literário, em quimbundo, de Agostinho André Mendes de Carvalho), verifica-se que sua prosa, não raro, nos leva para longe da cidade de Luanda, localizando-nos no interior do país, com seus costumes, seu imaginário e suas gentes. Mas a cidade capital de Angola, quer como espectro, assustador, quer como lembrança, acaba por adentrar sempre os relatos.

Sua ficção privilegia os homens e mulheres do interior sem deixar, contudo, conforme afirmamos acima, de dar destaque a Luanda e, com isso, textos como *Bola com feitiço* (1974), *Manana* (1974), *Maka na sanzala* (1979) ou *O Ministro* (1990), têm uma dupla perspectiva, pois iluminam a cidade-capital, sem, contudo, deixarem de flagrar a gestualidade, as crenças e a fala dos homens e mulheres do hinterland. A respeito, vale lembrar aqui as palavras de Salvato Trigo:

---

16 Tendo em vista que a maior parte dos textos de Luandino Vieira foi escrita na prisão, em razão de suas atividades anticoloniais, informamos no corpo do texto a data da edição utilizada, indicando abaixo o ano de redação dos mesmos: *A vida verdadeira de Domingos Xavier* – 1961; *Luuanda* – 1963; *Vidas novas* – 1962; *Velhas estórias* – 1964; *No antigamente, na vida* – 1969; *Nós, os do Makulusu* – 1967; *Macandumba* – 1971; *João Vêncio: os seus amores* – 1968.

[O autor] é, inequivocamente um dos maiores *africanizadores* da literatura angolana (...) Uanhenga Xitu vai continuar a escrever (...) polifonicamente, como tem feito até aqui, dando à literatura angolana cada vez mais o sabor da *oratura*. Só assim o texto viverá, uma vez que se alicerça numa expressão vivificante, qual é a do *griotismo* literário (...) (Trigo, 1982, p.12).

Quanto a Manuel Rui, poeta, prosador de textos para crianças e adultos, letrista de música popular e autor da letra do Hino de Angola, verifica-se que são os "caluandas" – como são chamados os naturais da cidade de Luanda – com toda a sua manha, malandragem, costumes e também os muitos sofrimentos enfrentados no cotidiano, que compareçam privilegiadamente em sua ficção. Com linguagem peculiar e muita ginga para driblar as enormes dificuldades de uma cidade em que os reflexos da guerra do país deixam marcas inevitáveis, vemos surgirem em seus textos tipos como o do funcionário público de *Crônica de um mujimbo* (1989), as mulheres de *1 morto e os vivos* (1993), ou as crianças que povoam suas histórias, inundando de humanidade e esperança os relatos. Pode-se mesmo dizer que Manuel Rui é um escritor que tem na cidade o cenário de sua ficção e nos luandenses, sua malandragem e linguagem peculiar, os personagens privilegiados.

Boaventura Cardoso é hoje um autor reconhecido pelo valor de seus textos, sobretudo graças à cuidadosa elaboração lingüística dos mesmos, que se alia a um competente manejo dos elementos estruturais da narrativa, resultando em uma ficção que, com alto grau de elaboração estética, representa em suas páginas aspectos do imaginário, da realidade e da história de Angola.

Dentre seus textos, deter-nos-emos em um dos contos de seu segundo livro, *O fogo da fala* o qual constitui uma continuidade temática de seu primeiro volume publicado, na medida em que não apenas a opressão do sistema colonial é focalizada, como também a guerra e a conseqüente destruição que tenta ser explicitada pelo imaginário das vítimas ("Gavião veio do sul e pum!"), assim como pela focalização dos inimigos, iluminados pela luz da paródia e da galhofa. O conto intitulado "Kalu, as garinas e o esquema" sobre o qual nos deteremos com mais vagar, traz-nos um malandro do período pós-independência e os seus "esquemas".

O livro de contos *Os dias e os tumultos*, de João Tala, agraciado com o Grande Prêmio de Ficção da União dos Escritores Angolanos, em 2004, traz-nos um autor que, tendo iniciado na poesia (com livros premiados), transita para a prosa, apresentando um texto em que o cotidiano de Angola na contemporaneidade é focalizado não raro com humor, sem que no entanto a reflexão se ausente. Desenhadas a partir de uma linguagem segura em que o manejo do foco narrativo apresenta o "dentro" e "fora" das makas, suas personagens são homens e mulheres do povo, especialmente os jovens, que sobrevivem em um ambiente hostil. Dentre os contos, dois deles ("A camisa" e "Luanda anedótica") são protagonizados por Dibengo, um malandro que busca o reconhecimento social a partir dos pequenos expedientes – nem sempre lícitos – a que recorre.

Malandragens várias

Para iniciarmos nossa leitura, escolhemos o texto de Luandino Vieira intitulado "Estória do ladrão e do papagaio", a segunda das três estórias do livro *Luuanda*, que nos fala de uma complicada aventura, uma verdadeira maka, sobre o furto de patos e de um papagaio, em que se envolvem três personagens com idades diversas, mas uma mesma dificuldade em sobreviver no mundo violento do colonialismo português. A história nos é dada por um narrador em terceira pessoa que nos faz conhecer os pobres e negros moradores do musseque Lomelino dos Reis, Via Rápida e Kam'tuta.

Lomelino dos Reis, Dos Reis para os amigos, ex-Loló para as pequenas, morador do Sambizanga com "corpo magro e pequeno, todo amarrado com os farrapos do casaco" (Vieira, 1989, p.57); seu amigo, Garrido Kam'tuta, "rapaz coxo, estreitinho, puxa sempre a perna aleijada. (...) tinha um caixote de engraxar ali mesmo na frente do "Majestic", um mulato-claro, olhos azuis, quase um monandengue ainda: corpo magro e pequeno", (Vieira, 1989, p.63) e João Miguel, alcunhado Via Rápida, diambeiro, afastado do serviço ferroviário. Estes são os camaradas. Juntos, formam a quadrilha, sobre a qual o texto nos informa: "Quadrilha à toa, nunca ninguém que lhe organizara nem nada, e só nasceu assim da precisão de estarem juntos por causa beber juntos e as casas eram perto." (Vieira, 1989, p.92). Vale lembrar que as "ações criminosas" a que se dedicam são de pouca monta: adulteração de bebida, furto dos perfumes de um salão de barbeiro, ou o roubo de um papagaio e meia dúzia de patos. Em outras palavras, conforme o assinalado por Antonio Candido a respeito de Leonardo Pataca, não temos seres com um projeto de ascensão social como o que subjaz ao pícaro clássico, mas sim planos mínimos e imediatos (como o roubo do papagaio, por questões amorosas) muito afins do malandro. Ou seja, dentro de uma sociedade cindida pelo colonialismo, em que a Ordem colonial equivale a uma exclusão brutal, é nas brechas, nos interstícios, que buscam a sobrevivência os três pobres malandros luandenses.

O que nos chama inicialmente a atenção é a presença das três personagens, extremamente pobres, que, juntas, como que "emendam o fio da vida" (para usar uma metáfora cara ao texto de Luandino Vieira), representando as três idades do homem: a juventude, quase infância, de Garrido, a idade adulta (Via Rápida) e a velhice de Lomelino dos Reis, como a demonstrar que a passagem do tempo, no musseque, não significa qualquer possibilidade de ascensão social ou maior respeito. A vida é dura para todos e quem não tiver astúcia suficiente não sobrevive.

Talvez seja esse o pecado inicial de Tamoda, um outro malandro, que, ao deixar a capital e voltar para seu povoado com roupas diferentes de seus conterrâneos e carregado de dicionários, pensa que conseguiu fugir da violência que acompanha o colonizado, mas que o alcança sempre. Tamoda apresenta-se aparentemente janota, de capacete e sapato rangedor, conforme o texto de Uanhenga Xitu nos diz:

> O mestre era tão querido pelos seus petizes que quando passava, todo ele janota, vestido de calções e camisa bem brancas, meias altas e

capacete também da mesma cor do fato, sapatos à praia com lixa, ouvia-se o coro dos rapazes que tributavam ao Tamoda:
– Lungula, Tamoda!... Lungula, Tamoda! (Xitu, 1977, p.13)

Vale lembrar, contudo, que, conforme assinala Claudia Matos, é essa forma de trajar-se que chama a atenção da repressão, pois o malandro acaba por torna-se "uma caricatura, uma paródia do burguês", já que sua forma de apresentar-se "inclui aspectos de exagero e deformação tão evidentes que o próprio trajar elegante é um dos elementos pelos quais a polícia o identifica como malandro" (Matos, 1982, p.56). E, no caso de Tamoda, sua vestimenta, réplica da forma como o colonizador se vestia na capital, não o torna diferente dos outros negros quando se encontra frente ao Chefe do posto, que o pune com a palmatória. E é e assim que, ao final da narrativa e da vida da personagem, ficamos sabendo que "Faleceu anos depois, mas já sem camisa, sem os sapatos, nem o capacete (...)". (Xitu, 1977, p.42)

No texto de Manuel Rui, "A grade", (*1 morto & os vivos*, 1992), a triste malandragem de um tempo pós-independência não tem como índice privilegiado o vestir, mas o local em que habitam as personagens, não menos periféricas que Lomelino dos Reis e seus comparsas, como veremos a seguir. Aparentemente o casal protagonista, Salvador e Lina, morador de um dos bairros da cidade-capital, são apenas pobres trabalhadores que desejam recepcionar condignamente um parente vindo da cidade de Lubango. Ocorre que no afã de obter cerveja para agradar ao primo, Salvador vai cometer trapaças com uma grade de bebida a fim de obter um bom produto. Começa então um jogo do qual ele pretende sair-se vencedor, ao passar adiante a grade com cerveja choca e velha que comprara por 20 mil kuanzas. Nas andanças pelos bairros de Luanda sua esposa irá entrar em contato com várias personagens, sempre à procura de boa mercadoria, até que compra por 26 mil kuanzas (fora o dinheiro gasto com a condução), uma grade de cerveja estragada que se revela ser a mesma que ela vendera inicialmente por 19 mil – portanto já com prejuízo.

Também a bebida é um motivo presente no conto "Luanda anedótica", de João Tala. Aqui, diferentemente do texto de Manuel Rui,

Luís Matias, aliás, Dibengo, o anti-herói, busca agradar uma tal Lili Bomba e, para tal, em um óbito, rouba a cerveja que está a ser servida:

> Pedido de mulher é quase sempre uma ordem que suplanta as demais, quer venham do chefe de família, do superior hierárquico, do general, ou mesmo do Conselho de Segurança da ONU. São coisas cardíacas, dizeres do pensamento. Por esse lado, todo mundo briga. (Tala, 2004, p.78)

E assim atendendo ao pedido de Lili, Dibengo arranja um estratagema e o final da narrativa encontra os dois "altamente torcidos pela embriaguez" em um beco do musseque.

Com muito menos bonomia, apresenta-se Kalu, personagem de "Kalu, as garinas e o esquema", de Boaventura Cardoso, na medida em que a personagem protagonista passa de um "esquema" de cerveja, malandro, para a comercialização ilegal de diamantes. Ou seja, passa do "jeitinho" e do expediente para o crime e, nesse movimento, vai para a cadeia. Vale ressaltar que o riso não se ausenta do relato, como o demonstra a passagem em que Kalu vai a um baile:

> (...) Kalu e a barona só os dois no salão. Barona lhe afastou bruscamente e falou alto:
> – Oh senhor! Não mi perta assim!!!
> Olha a cena! Olhadas. Sorrisos e cochichos na penumbra. Rádio Puxa parou. Kalu e a barona: cara com cara fervilhando.
> – Olha minina eu não sei dançar doutra maneira – Kalu falou bem alto e executou passos de regresso no lugar dele.
> Barona indecida a ficar sozinha no salão, zolhos todos na cena, estendeu braços no Kalu a recuar lentamente e gritou:
> – Pronto já! Mi perta já!
> Sonoras: gargalhadas. Rádio Puxa puxou e Kalu e Maria Rosa se enlaçaram para sempre. (Cardoso, 1980, p.63)

A respeito, vale frisar o espaço em que se desenvolvem as estórias desses malandros da nossa outra margem do Atlântico, não esquecendo, a respeito, as lições de Osman Lins (1976) em *Lima Barreto e espaço romanesco*, para quem entre o espaço narrativo e a personagem há "um limite vacilante a exigir nosso discernimento" (Lins, 1976, p.70). Os liames entre os espaços e as personagens, nos contos, são bastante estreitos, podendo todos ser definidos pela marginalidade. Veja-se, por exemplo, o lugar em que residem as personagens de "Estória do ladrão e do papagaio" é "o sitio da confusão do Sambizanga com o Lixeira" (Vieira, 1989, p.55), ou seja, fronteira indefinida entre um bairro emblematicamente nomeado Lixeira e um dos musseques mais afamados de Luanda, indiciando a posição de *outsiders* das personagens.

Por outro lado, no texto de Manuel Rui, os topônimos se sucedem: "as bananeiras", "o beco" (com letra minúscula, como a indicar que são lugares comuns), e os mercados do Prenda, da Maianga, o Roque Santeiro, em uma profusão de lugares palmilhados pela incansável dona de casa.

Deve-se referir que, nas "estórias" angolanas, a marca da oralidade é bastante presente e é ela que instaura uma certa atmosfera lúdica, como bem observa Amélia Mingas (2000, p.77), para quem a grande parte dos autores angolanos "já criou uma linguagem que lhes é própria e que, só em termos de referência, se pode afirmar que ela reflecte o modo de comunicar do povo", ou seja, a questão da elaboração estética do relato avulta nos autores contemporâneos de Angola, que não realizam apenas um registro do falar popular, mas criam a partir dele.

No caso do texto de Luandino Vieira, temos um narrador que, como um griô, vai paulatinamente narrando as estórias do roubo dos patos e do papagaio, fazendo com que acompanhemos o ridículo dos motivos de cada um dos envolvidos nos sucessos da "noite mussequenta". A oralidade de "Estória do ladrão e do papagaio" explicita-se na fórmula com que se encerra o texto, calcada nos missosos: "Minha estória. Se é bonita, se é feia, os que sabem ler é que dizem." A esse respeito, lembremos o que diz a estudiosa brasileira Maria Nazareth Fonseca:

> A língua portuguesa já "aclimatada" em solo angolano tornar-se-á, então, "um terceiro registro", como o denominou Luandino Vieira, dis-

tante da norma oficializada, mas também da oralidade das línguas nativas. (...) Pode-se dizer que a literatura de Luandino Vieira, particularmente após *Vidas novas*, incorpora os mesmos propósitos que estão, por exemplo, nas Antilhas francesas, na apropriação do créole pela literaturak quando esta o utiliza como significante por excelência da transgressão à escrita normativa em francês. (Fonseca, 2003, p.83)

Quanto às narrativas de Uanhenga Xitu, a configuração da oralidade na escritura realiza-se de forma a que o choque entre oratura e texto erudito não é encoberto; antes, ao contrário, salta aos olhos do leitor com uma multiplicidade ativa (para usarmos a expressão de Scarpetta). Atente-se a esse monólogo de Tamoda:

> Pessoa que vai falar com o Senhor Administrador, não vai dar conversar com estes cavalgaduras, aqueles verdugos, fintilhos. Mesmo aquele velho que está a falar parece-me um panaça e querem confiança comigo. Bom dia e já chega. Veja lá se chegar agora o Administrador ou Secretário e encontra Tamoda em croniquizamento com esta gentalha!... Vai pensar o Administrador que Tamoda é da igualhagem dos mucamas; e ainda vai pensar que Tamoda é pessoa de lupanar, carambas!!(...) (Xitu, 1977, p.27)

No texto de Boaventura Cardoso, o apurado trabalho lingüístico também intenta captar nas malhas da escrita as marcas da oralidade, trazendo as hesitações, os neologismos e desvios próprios da língua falada.

Em "Luanda anedótica", o tom galhofeiro do narrador traz à cena o relato oral, recriando o espaço do candongueiro em que a estória de Dibengo é contada em meio aos risos dos passageiros.

Já em "A grade", há um narrador em terceira pessoa que acompanha as peripécias de Salvador e Lina. Sua linguagem, no entanto (que não se distancia daquela utilizada pelas personagens), apresenta-se como uma síntese dos falares que percorrem a cidade de Luanda, trazendo o sinete da criação do autor: ágil pelas gírias que apresenta; heterogênea, revelando a marca social de seus falantes de classes e idades sociais diversas; inovadora na capacidade de exercitar as potencialidades da língua portuguesa, acabando por transformar-se em uma espécie de personagem privilegiado da história:

> Bateram à porta e ela foi abrir:
> Tio Salvador. O pai manda dizer se quer contribuir no óbito da dona Angelina, aquela cota viúva que morava lá no fundo, sozinha, onde o beco acaba. Os vizinhos estão a contribuir. Ela se faleceu ontem.
> Eu sei – rematou Salvador – a dona Angelina...
> E ficou a refletir um bocado. Cotovelos sobre a mesa, rosto enterrado entre as duas mãos. Depois olhou na mulher, odiou na grade de cerveja, voltou a olhar na mulher e disse nela:
> Lina, entrega essa grade. (Rui, 1992, p.105)

A questão da oralidade aqui referida nos remete a Glissant, que em *Le discours antillais* define a linguagem de seus textos da seguinte maneira: "Minha linguagem tenta se construir no limite do escrever e do falar" (Glissant, 1978, p.256), fazendo questão de ressaltar que não reproduz a linguagem do cotidiano, mas realiza uma síntese da sintaxe escrita e da rítmica falada. Ora, segundo entendemos, é esse também o caminho dos autores aos quais aqui fizemos referência e que mesclam o oral e o escrito, trazendo à literatura uma heterogeneidade de registros, uma mistura híbrida, como são seus personagens.

Haveria, ainda, outros aspectos que poderíamos confrontar produtivamente entre os textos dos autores. Cremos, todavia, que as indicações da leitura realizada são suficientes para indicar a presença de um *patter* da malandragem presente em textos do sistema literário angolano. Segundo entendemos, as narrativas indicadas apresentam personagens que vivem nas brechas, governadas por uma Ordem excludente a que respondem com a Desordem da margem, sendo desenhadas a partir de traços cambiantes. E, dessa maneira, desvendam os mecanismos da violência, permitindo que ela seja encarada não como algo "natural", mas um fenômeno situado social e historicamente.

Assim, os malandros de Boaventura Cardoso, João Tala, Luandino Vieira, Manuel Rui e Uanhenga Xitu não são triunfantes, risonhos, brejeiros ou prenhes de bonomia. Ao contrário, são tristes, esfomeados, habitantes de um espaço degradado e degradante. Mas, por isso mesmo, essas personagens são capazes de desmascarar a violência e realizar um movimento apontado por Paulo Sérgio Pinheiro e que se torna extremamente inquietante para as elites:

> Apesar de todas as guerras e campanhas, por mais (...) subjugados e aquiescentes ao arbítrio que estejam por maior lhaneza e desmobilização, parecem estar sempre avançando.

Pode-se mesmo dizer que não encontramos nos textos examinados nenhuma personagem que não apresentasse defeitos e pontos fracos, distanciando-as dos ideais de personagens "positivas", o que nos faz lembrar que o malandro – com suas imperfeições – não seria apenas "coisa nossa", brasileira (para citar o verso de Noel Rosa a que aludimos acima), mas uma personagem própria de jovens nações em que a literatura, com ginga e jeito, procura alertar para a violência e colocar-se na vertente daqueles a quem só sobra a picardia.

Um espaço especial: o mercado

Se as personagens da Luanda da escrita formam uma galeria de tipos bastante interessante, os espaços em que se locomovem também revelam muito sobre textos e contextos.

A respeito, muitas das narrativas angolanas, apesar de estarem semeadas de referências cronológicas e geográficas, exigem cautela. O calendário que registra os acontecimentos nesses textos, não raro, embaralha datas, fazendo com que, por exemplo, o musseque dos anos 30 ou 40 seja palco de cenas, personagens e atitudes que somente os anos 60 poderiam abrigar. O mesmo se pode afirmar com relação ao mapa que se nos desdobra essa literatura: aqui um nome que não consta das cartas geográficas, acolá uma pista falsa, mais além um caminho que não corta dois bairros: e assim, vemo-nos trilhando as tortuosas estradas ficcionais, as quais se limitam com o referencial, mas não se confundem com ele, pois tempo e espaço obedecem freqüentemente a necessidades composicionais.

Sob esse aspecto, vale recordar textos como o instigante *Travessa do Rosário*, de Alberto de Oliveira Pinto, em que duas geografias – a da Luanda dos fins do século XX e a da mesma cidade no século XIX – se sobrepõem para contar a história recente de Angola e anunciar, alegoricamente, que

> Só os que construíram a Igreja do Rosário dos Pretos na Cidade Alta e rezavam nela missa usando marufo como sangue de Cristo é que perceberam. Agora eles estão dispersos mas vão unir-se de novo muito em breve. E então tudo mudará em Angola. (Pinto, 2005, p.104)

Mas visitemos outros espaços e tempos, tomando como ponto de partida os acontecimentos atinentes ao mercado Xamavo, que existiu até os fins da década de 1940 em Luanda e cuja história está inscrita na literatura de Angola.

Xamavo, o vento e o feitiço

Relata-nos a história que, no ano de 1948, em um dia de forte vento, o telhado do mercado popular Xamavo (ou Xá-mavu)[17] não resistindo à ventania, veio abaixo. Como nesse momento o comércio se desenvolvia normalmente, o acidente provocou um grande número de vítimas entre os fregueses e os comerciantes (principalmente quitandeiras).

O episódio ao longo do tempo recebeu numerosas versões populares, incluindo-se aí histórias de pragas, maldições e cazumbis ou espíritos. Nelas não nos deteremos, já que nos interessa os desdobramentos, cortes e recortes que autores angolanos efetuaram a par-

---

17 Situado no município do Sambizanga, o mercado do São Paulo surgiu após o desabamento do então Xamavo, em 1940, localizado na altura na área da Gajageira (Rangel). (Angop, 06/09/2006).

tir do fato, quer recriando-o, quer aproveitando apenas sugestões por ele propiciadas ou mesmo alguma versão popular.

Atendendo a essa perspectiva, examinaremos quatro textos em que o episódio da queda do mercado Xamavo está presente, buscando a partir de uma leitura comparativa dos mesmos apontar como as diversas luzes que iluminam o episódio podem indicar posturas estéticas diferentes.

Na primeira narrativa, *A praga* (1978), de Óscar Ribas, o diálogo entre duas personagens não nomeadas situa a queda do Xamavo nos seguintes termos:

– É como o desastre da quitanda do Xamavo.
– É verdade! Eles dizem que o telhado caiu porque o vento era muito forte...
– Forte! Caiu mas é por causa dos jimbambi...
– Que julgam eles! Uma pessoa perdeu lá dinheiro, andou a perguntar a toda a gente, e então procurou aquele desastre.
– Então aquilo caía só assim em cima das pessoas? Ala? Os Brancos falam só...
– É mesmo, mano. Que sabem eles? A nós, Pretos, quando nos enfeitiçam, morremos mesmo.
– Então! Somos netos de Gola Quiluanji quiá Samba, tudo para nós é azarento...
Com a chuva, com a chuva, com a chuva que choveu,
Pela armadilha que fizeram,
Puseram as costelas nas Mabubas.

Historia o povo em amarga canção – a canção da "Quitanda do Xamavo". (Ribas, 1978, p.52)

Na atmosfera de práticas mágicas em que se desenvolve a narrativa, o fato ocorrido em 1948 recebe um enfoque ligado às crenças populares, não existindo, todavia, um afastamento crítico das mesmas. No trecho citado, o predomínio da "cena" (ou *telling*, na terminologia de E. M. Forster), por exemplo, não propicia uma postura judicante do narrador em relação ao fato narrado.

Assim, no texto a praga lançada pela personagem Donana, quitandeira que perde uma vultosa quantia a qual não lhe é devolvida, é o que faz, segundo a ótica dos habitantes dos musseques, que a morte grasse entre eles. Sob esse particular, é interessante notar que o narrador como que se isenta de tomar partido entre a racionalidade "dos brancos" e o imaginário dos moradores dos musseques, ainda que a utilização do discurso direto mesclado ao indireto livre indicie que a perspectiva das personagens negras e pobres é compartilhada pela instância narrativa:

> A ceifa não parava. No fatalismo do esconjuro, inexoravelmente se cumpria a vingança: "Quem lavar esse morto, morre também! Quem lhe cortar as unhas, morre também! (...) Morre quem disser aiué." Salvação? Aonde a buscar? Ante o abismo, o quimbanda vergava-se impotente, terrível era o malefício. Vindo das nuvens, instalava-se no corpo dos imprudentes rebeldes, com seu mistério os reduzia ao cumprimento da tremenda sentença: "Morra!" (Ribas, 1978, p.63).

Vale notar que em *A praga* o pendor para a referencialidade, aliado à inclusão de traços da realidade etnográfica angolana, tende, em alguns momentos, a enfraquecer a literariedade do texto, ainda que em outros, graças, sobretudo, a personagens construídas de maneira dinâmica e cuidadosa como a protagonista Mussoco, ganhe maior densidade artística.

De maneira geral, no entanto, prevalece em *A praga* a referencialidade e, sob esse aspecto, vale lembrar as palavras de Irene Guerra Marques:

> Óscar Ribas, em toda a sua obra, manifesta a preocupação de registrar, embora nem sempre criticamente, alguns dos aspectos da cultura angolana, que o colonialismo tentou corromper, desvirtuar ou utilizar em seu proveito, mas que o povo preservou, mantendo-os em grande parte intactos, para que possam, na Angola livre e independente, ser valorizados em função de uma perspectiva revolucionária. (Marques, 1985, p.15)

A essa luz, pode-se verificar que a queda do mercado Xamavo é focalizada, no texto de Óscar Ribas, a partir de uma perspectiva popular, tal como o imaginário luandense a teria preservado. E cremos que esse traço é importante para o entendimento do projeto literário angolano, na medida em que *A praga* apresenta-se como a possibilidade de exploração do imaginário dos habitantes da periferia da cidade capital como matéria na elaboração das histórias da ficção angolana e, sob esse aspecto, antecipa algumas das diretrizes que seriam exploradas posteriormente na "prosa do musseque".

O mesmo mercado, outras estórias

Vale notar, entretanto, que o mesmo episódio ocorrido no mercado popular nos anos 40 foi focalizado sob outra ótica, no conto "De como nga Palassa diá Mbaxi, kitandeira do Xá-Mavu e devota conhecida deste Sant'Ana até A Senhora da Muxima, renegou todos seus santos e orações", de Jofre Rocha (1980), já referido anteriormente.

O Xamavo está inscrito no longo título da narrativa indiciando, aparentemente, a referencialidade do relato, já que o mesmo nos conduz a lê-lo como ligado à História, quer pensemos nas crônicas portuguesas setecentistas, quer nas estórias orais africanas que contam fatos ocorridos nas comunidades. A narrativa, contudo, romperá essa expectativa. Vejamos seus primeiros parágrafos:

> A notícia correu muito depressa, como aquele vento maluco que desde a ponta da Ilha sobe até a Lixeira, varre todo o musseque até o fundo da Calemba e da Maianga, pra ir morrer lá longe nos confins da Samba.
> Foi assim mesmo, com um vento assanhado que trazia atrapalhação nas nuvens carregadas de chuva, que o caso começou naquele dia tão triste como esquina da Mutamba sem gente.
> Porque a raiva desse vento é que foi sacudir as vigas de ferro, fez voar os luandos e os zincos e, com um barulho muito grande, deixou cair a antiga kitanda do Xá-Mavu.
> As kitandeiras ficaram sem o negócio, sem o dinheiro, muitas mesmo sem a vida. Naquele dia, rios de sangue correram no meio do peixe,

dos kiabos, da takula, dos jipepe e jisobongo, os gritos não calaram na boca dos feridos. Foi desgraça grande e o povo que se juntou a chorar os amigos e os parentes não parava de crescer, com gente a chegar de todos os bairros onde a notícia tinha caído como raio, levada de boca em boca. (Rocha, 1980, p.19)

Na longa citação, abarcando os três primeiros períodos do texto, o poético tinge o referencial, dando-lhe nuanças inusitadas e assim a cidade de Luanda, por exemplo, desnuda-se na sucessão vertiginosa de topônimos por onde voa o vento da notícia ainda não conhecida do leitor. É ainda a toponímia de Luanda que oferece uma das mais belas imagens do texto: "dia tão triste como esquina da Mutamba sem gente", na medida em que o Largo da Mutamba, na Baixa da cidade, sempre foi terminal dos ônibus dos musseques e bairros populares e, sob esse aspecto, cortado incessantemente por muita gente.

Mas o vento da notícia transforma-se em elemento destruidor. E sem cronologia precisa ("um dia") nem crenças metafísicas ("o vento é que foi sacudir") narra-se a queda do mercado.

A hipérbole "rios de sangue" que expressa a morte no Xamavo reapresenta o mesmo procedimento de quebra de expectativas que assinalamos na disjunção entre título do conto e sua forma narrativa. O "combate" trava-se agora a partir de um sintagma cristalizado – que, enquanto figura de linguagem "desgastada", se oferece em bloco à variação paradigmática sem que o receptor precise mais combinar os termos por si mesmo – dado por meio da hipérbole e um elemento que tende a desestabilizar o estereótipo de linguagem: os peixes entre os quais corre o estranho rio. O sistema de expectativas do leitor é quebrado e os "rios de sangue" perdem o caráter de forma automatizada para em seu lugar enfatizar a extensão da tragédia no mercado popular.

Na história de Jofre Rocha, dada em *flash-back*, temos a história da "kitandeira respeitada em todo musseque, pessoa antiga nessa vida de por negócio" (Rocha, 1980, p.21), "bessangana devota conhecida que tinha acendido velas em todos altares desde a Senhora da Muxima, Sant' Ana e Santo Antonio de Kifangondo" (Rocha, 1980, p.22), mostrando a ligação que a personagem mantém com a religiosidade ocidental cristã, conforme já apontamos anteriormente. Ocorre, porém, que há um acontecimento que muda a vida de Nga Palassa: a morte, por afogamento, de seu neto. E é a partir desse episódio, narrado por um narrador onisciente, que a velha quitandeira renega todos os "seus santos e orações", passando a ser aquela de quem "toda a gente pegava medo de ficar nas pragas que saíam na boca dela" (Rocha, 1980, p.24), como a demonstrar que não será a fé nos santos que protegerá contra as desgraças. E que, portanto, acender velas e fazer orações são ações inócuas, as quais não têm qualquer eficácia contra os males. Revela-se, pois, uma atitude bastante racional e materialista por parte do narrador.

De maneira geral, podemos dizer que a particular utilização da toponímia luandense, a antropoformização da natureza e a transposição da oralidade no texto de Jofre Rocha revelam-se interessantes soluções tecno-formais para a reapresentação de um acontecimento da história de Luanda, transformando-o, competentemente, em um elemento interno da narrativa.

A estória "Nga Fefa Kajinvunda", de Boaventura Cardoso (1982), assim como os dois contos antes examinados, tematiza a morte e o Xamavo. Não se trata aí, contudo, do episódio de 1948. Em seu lugar, a narrativa apresenta de forma exemplar – no sentido de que é uma construção simbólica com fins didáticos – o assassinato de uma quitandeira negra que ousou desafiar uma cliente branca.

A situação inicial do conto coloca em evidência os usuários do mercado, enfatizando o elemento sonoro:

> Kuateno! Kuateno! O grito rebentou no ventre atmosférico rapidamente na kazucutice do Xamavo. Negócios ainda parados, quitandeiras na berridagem do gatuno. Kuateno! Kuateno! Tudo nas corridas para alcançar o dinheiro na ponda de Nga Xica roubado. Na berrida os fiscais também estavam.
>
> Pessoas que andavam nos becos ficavam assustadas, movimentação era no acontecimento dos ladrões fugindo. Xamavo tinha desordem.

Kandengues até se espantavam, depois mergulhavam rindo na algazarra. Kuateno! Kuateno! Grito levado longe, grito testemunho de boca bocando bocas. (Cardoso, 1982, p.23)

A seqüência, de grande nitidez plástica, dinamizada pela focalização rápida de cada envolvido no roubo, reverbera vozes e gritos, criando a algazarra do Xamavo.

A seguir, em *flash-back*, o narrador desenha-nos o retrato da quitandeira Nga Fefa: uma mulher forte, trabalhadora, personificação da "autoridade e do respeito", pelo farto de "responder xingadamente todos que lhe insultavam" (Cardoso, 1982, p.25), conforme já nos referimos.

De volta ao mercado, novas falas, porém agora no áspero diálogo entre uma cliente branca prepotente e a quitandeira negra.

Após a retirada da compradora, orquestram-se novas vozes:

> Palavrosamente as quitandeiras caçoaram a mulher da Baixa, desaparecendo. Nos kimbundos delas escondiam toda a fúria contra o colonialismo que não podiam falar na língua da senhora abertamente. Anos de opressão se transformavam em liberdade nas falas kinbumdas. (Cardoso, 1982, p.26)

O *leitmotiv* das vozes que se cruzam por todo o conto transforma o mercado Xamavo em uma espécie de câmara de eco: nele se ouvem os gritos do povo que persegue um marginal na defesa do produto do trabalho de uma quitandeira; as palavras de liberdade largamente sufocadas e os gritos da senhora branca, "no estimulamento da fúria colonial: dêem-lhe mais! Força!" (Cardoso, 1982, p.26).

São falas que denotam a opressão, o medo e o desejo de liberdade. Nesse sentido, o relato, ao iniciar-se com uma palavra em quimbundo ("Kuateno!"), solidariza-se às vozes que ambicionam transformar "anos de opressão em liberdade", elevando-se dessa maneira, como brado pela libertação.

Ao deslocar o signo "morte" que se associa ao mercado Xamavo na história e no imaginário luandense, para um contexto de reivindicação de liberdade para o povo angolano, Boaventura Cardoso efetua uma competente passagem do documental ao simbólico, de tal maneira que, conforme diria Antonio Candido a respeito de textos literários de valor,

> As sugestões e influências do meio se incorporam à estrutura da obra – de modo tão visceral que deixam de ser propriamente sociais para se tornarem a substância do ato criador. (Candido, 1987, p.164)

Na mesma senda, Arnaldo Santos, no conto "Quicumbi assanhada", do livro *Kinaxixe e outras prosas* (1981), apresenta o mercado Xamavo, aliando-o às tradições e à capacidade de resistência do povo angolano. O parágrafo inicial do texto é bastante evocativo:

> Antigamente este mercado tinha o nome de Xamavo. É provável que não fosse precisamente neste lugar e que não existisse esta cobertura de ferro e as bancadas de cimento. Lembro-me até que só um céu azul e luminoso cobria as velhas quitandeiras e que, à tardinha, os raios desmaiados dos poentes de jinzumbi tingiam os corações crédulos de sombrias apreensões. (Santos, 1981, p.92)

Trata-se de desenhar um tempo do antigamente, deslocando-o frente ao presente ("é provável que não fosse precisamente neste lugar") e, dessa maneira, é criada uma expectativa de que a narrativa prosseguirá nos marcos de uma individualidade e remeterá a um universo de crenças ("corações crédulos"). A seguir, como confirmando isso, o narrador em primeira pessoa passeia pelo mercado, conversa com as quitandeiras e tem sua atenção chamada por uma quicumbi (adolescente na fase púbere) que está opulentamente vestida e fica sabendo que a mãe da jovem estava a realizar cerimônias a Lemba e Hitu, divindades da procriação e da esterilidade, respectivamente, a fim de "limpar o futuro de sua única filha".

O universo de práticas tradicionais, de um antigamente, desenrola-se ao leitor no cenário do Xamavo, até que o presente de repressão comparece na figura de um policial que se aproxima da jovem:

(...) Pobre quicumbi. Pura e livre num mundo sujo, coberto de ciladas...!
– Então rapariga... – um soldado atrevido, aproveitando-se do movimento do mercado, tentava impedir-lhe a passagem, sorrindo-lhe descaradamente. Azar! Todos nós ficamos alarmados. (Santos, 1981, p.96)

A partir do motivo da repressão – representado pelo soldado – defrontam-se a jovem "pura e livre" e "as ciladas" de um "mundo sujo"; ou, em outros termos, encena-se a contraposição entre o antigamente e os tempos atuais, que a todos alarma.

A resolução do conflito ocorre no momento em que a jovem, assumindo o discurso, enfrenta o soldado, lembrando bastante as quitandeiras zaragateiras e devotas anteriormente citadas:

A jovem, porém, não se atrapalhou. Imóvel, arrogante, cuxucululou.
– Rapariga é quem...? Rapariga é peixeira...!
– Deixa lá... ainda vamos amigar os dois... einh!?
– Amiga mas é com a tua mãe... e sai só da passage! – disse por fim esquivando-se resolutamente.

Ah! Quicumbi assanhada! A sua ainda verde mas já dessacralizada experiência seria a melhor garantia para lhe assegurar um futuro menos cruel. Embora isso, com sacrifício evidente do respeito pelas miondona. (Santos, 1981, p.96)

O comentário final do narrador estabelece um equilíbrio (talvez um pouco frágil) entre o passado e o presente, apontando decisivamente para um "futuro menos cruel" aos que enfrentam as adversidades. Sob esse particular, pode-se dizer que "Quicumbi assanhada" realiza um movimento bastante interessante de aparentemente colocar o relato no domínio de uma subjetividade (o narrador), como estratégia para indicar caminhos de ultrapassagem de um presente de repressão e, assim, construir um futuro com melhores condições. Dessa forma, o conto torna-se um texto em que a discussão e o direcionamento políticos se apresentam de forma sutil mas, nem por isso, menos importantes.

Sob essa perspectiva, pode-se afirmar que o texto de Arnaldo Santos aproxima-se dos contos de Boaventura Cardoso e Jofre Rocha ao formalizar esteticamente um posicionamento político ideológico e ao propor novas formas de representação da realidade. Em última análise, esses textos, no intenso movimento de questionamento dos liames da representação literária com o mundo representado,

> levam para o princípio da composição, e não apenas da expressão, um descompasso entre a realidade e sua representação, exigindo assim, reformulações e rupturas dos modelos "realistas". (Barbosa, 1983, p.23)

As quatro produções literárias que recriam ou referem-se ao espaço Xamavo, como vimos, enfocam diferentemente o objeto e três delas exemplificam caminhos de liberdade criativa a partir de um programa político revolucionário comum.

Sob esse particular, deve-se ressaltar que os textos, conforme assinalamos, não se furtam à realidade como matéria literária; antes, a procuram. Não temem, contudo, iluminar essa realidade sob as mais diversas luzes: a memória, a tradição popular, o cotidiano ou as vivências pessoais dos autores. São os variados caminhos que conduzem à representação literária, sempre exigindo reformulações e rupturas.

Roque Santeiro

Se o Xamavo tem seu lugar no imaginário luandense associado à tradição de feitiços e indicia a resistência nacionalista que começava a se desenhar, há um outro mercado que se impôs a partir dos anos 90 à população da cidade-capital e à literatura com um significado bastante diverso. Referimo-nos ao Roque Santeiro, situado próximo ao musseque Sambizanga e cuja denominação se originou do êxito que a novela da televisão brasileira, com o mesmo nome, teve entre os luandenses.

Nascido de um aglomerado de barracas nos fins dos anos 80, ele é hoje a maior "praça" de Luanda e, segundo alguns, o maior mercado a céu aberto da África Austral. Dada a sua extensão, nele podem ser encontradas as mais diversas mercadorias (de procedência nem sempre lícita) e serviços – de escolas de direção a prostíbulos, passando por restaurantes e cabeleireiros.

As cerca de dezesseis mil tendas vendem de tudo – de parafuso a armamento pesado – e regulam a economia do país[18]. Cremos que é essa diversidade e a abundância de mercadorias e serviços que incluiu o Roque Santeiro no mapa do imaginário luandense como sinônimo de lugar em que se pode comprar "de tudo", onde se pode "achar qualquer coisa". Esse papel de grande abastecedor de Luanda é importantíssimo quando se lembra que a economia de Angola, em razão da guerra que se prolongou por trinta anos no país ainda depende da importação de bens e, não raro, a cidade fica desabastecida de mercadorias de primeira necessidade ou de supérfluos.

Mas o Roque Santeiro é também a vitrine da miséria e do desespero de grande parte da população de Luanda, espaço em que, muitas vezes, acidentes como o que tirou a vida de 12 pessoas em fevereiro de 2003 em razão da explosão de botijões de gás, ocorrem. É o local do "fazer a vida", rondado pela morte; que o digam as cerca de cento e cinqüenta prostitutas que cotidianamente atendem os homens cobrando cinqüenta centavos de dólar por cliente ou os meninos de rua que se aglomeram entre as barracas em busca de comida e dinheiro ou, como "roboteiros", passam as horas levando e trazendo compras.

---

18 A título de exemplificação, veja-se essa notícia veiculada pela Angop, agência de notícias oficial de Angola: Sambizanga 02/12/2004 - As cotações do dólar norte-americano e do euro continuam estáveis há mais de um mês no maior mercado informal do país. No Roque Santeiro, a nota de 100 dólares está a ser comercializada a 8.900 Kwanzas (compra) e a 9 mil (venda), enquanto 100 euros custam 10 mil (compra) e 10.500 kz (venda). Segundo fontes contactadas pela Angop no local, a estabilidade destas moedas, num mercado frequentado por mais de 100 mil pessoas por dia, entre vendedores e compradores, deve-se à escassez de kwanzas que se verifica actualmente. Enquanto isso, os preços de alguns produtos básicos mantêm-se também estáveis, apesar da aproximação da quadra festiva.

É essa face da miséria sem qualquer dignidade a que os textos realizados após os anos 90 farão referência.

Roque, romance de um mercado, de Hendrik Vaal Neto foi lançado em março de 2001 e, segundo seu autor na introdução do volume, a idéia de escrevê-lo ocorreu no Kwango Kubango:

> Com efeito, naquela altura, quando nos encontrávamos num momento de lazer – eu e os colegas que me acompanhavam numa curta missão de serviço – alguém levantou a questão de saber se o Roque era ou não um cancro no seio da cidade de Luanda. Falava-se dele como que se tratasse dum mundo totalmente diferente do resto da capital, um covil de delinqüência, um antro de imoralidade e de miséria que nos assustasse e ameaçasse como coisa nova. Ora o que acontece no Roque, passa-se no centro das cidades do mundo inteiro, em proporções maiores e mais freqüentes de dia e de noite, nos maciços dos arranha-céus arrefecidos pelo ar condicionado, nas ruas largas e estreitas. Os muitos escritórios escondidos por trás de paredes de cimento e vidro em Nova Yorque ou Lisboa, são autênticas bancadas de mercado, onde gente engravatada faz negócios sujos e limpos, tal como no Roque... Muitos dos finos apartamentos são transformados em "casas de sarrar" onde mulheres e homens feitos "sarristas" perdem o decoro e se embrenham no lamaçal da luxúria e da indignidade.
> (...)
> O meu objetivo é o de descrever aspectos de vida daquele grande mercado. (Vaal Neto, 2001, p.11)

Como se pode aquilatar pelo trecho citado, a questão do documental e do exemplar impõe-se no movimento que preside à gênese da narrativa e irá se presentificar no corpo da mesma, de modo que *Roque, romance de um mercado* se estrutura muito mais como um conjunto de crônicas que têm como espaço o mercado Roque Santeiro do que propriamente um romance. Não há personagens cuja história ficamos conhecendo e que tenham desdobramentos ao longo do texto, ou então a existência de um clímax da narrativa. O que une as várias estórias é o espaço do mercado.

O texto, sem capítulos e apenas com um título inicial – "O Roque" – inicia-se já no espaço do Roque Santeiro, que é apresentado, ao amanhecer por um narrador onisciente. A ambientação franca, aqui, visa a instaurar a veracidade do relato:

> São 6 horas da manhã no mercado imenso do Roque Santeiro, um vastíssimo talhão de terra batida, vermelha e irregular, junto à estrada de Cacuaco, nos subúrbios de Luanda. Uma multidão enorme acorre ao local e já apinha-se aqui e acolá tagarelando ou lançando impropérios, protestando e barafustando, maldizendo a sua sorte. (Vaal Neto, 2001, p.15)

Desfilarão, a partir desse ponto, as várias personagens: deslocados de guerra, meninos de rua, prostitutas, drogados, vendedores, dirigentes e africanos de várias nacionalidades (malianos, congoleses, senegaleses e "outros imigrantes que vêm para Angola"), todos vendendo ou comprando nos labirintos de barracas do Roque.

Os temas poucos variados – o adultério, a desilusão amorosa, a fome – confluem para uma única perspectiva: a luta pela sobrevivência em um ambiente hostil. Assim, todas as ações das personagens – elaboradas como tipos e/ou caricaturas – deságuam no mesmo rio da luta cotidiana contra a miséria e a fome.

Sendo um suceder de histórias, a narrativa termina ainda sob a batuta do narrador:

> Já nasce um novo dia! Desponta a aurora no longínquo Bengo. O escritor, extenuado por ter vivido no espaço do seu ser tantas vidas juntas, em tantos dias que lhe pareceram um só, larga a pena e espraia-se na realidade da vida. "Se pudesse recuar no tempo, ludibriar a ciência e apagar a verdade, lutaria ferozmente para convencer a humanidade de que o Roque é o centro dum mundo!" (Vaal Neto, 2001, p.119)

Como se pode notar, o narrador pretende alçar o mercado Roque Santeiro a símbolo na narrativa ("centro do mundo") e, portanto, as mazelas sociais ali presentes seriam passíveis de ocorrerem em todos os lugares do mundo (conforme, aliás, o início da narrativa, por meio do citado, deixa entrever). Sob esse aspecto, há um movimento interessante de "mostrar" e "esconder" os descaminhos da sociedade angolana contemporânea.

Bastante diferente dessa estrutura narrativa é a que encontramos em *Jaime Bunda, agente secreto*, romance de Pepetela, lançado em 2001. O romance poderia ser definido como uma grande paródia, que se inicia pelo título, pois James Bond, o agente inglês 007, elegante e inteligente é aqui substituído por Jaime Bunda, servidor público da polícia angolana, gordo, desajeitado e incompetente:

> Jaime Bunda estava sentado na ampla sala destinada aos detetives. Havia três secretárias onde outros tantos investigadores lutavam contra os computadores obsoletos. Havia também algumas cadeiras encostadas a parede. Era numa delas, a última, que Jaime poisava a sua avantajada bunda, exagerada em relação ao corpo, característica física que lhe tinha dado o nome. O seu verdadeiro era comprido, unindo dois apelidos de famílias ilustres nos meios luandenses.
>
> (...)
> Como é que um tipo tão novo podia demonstrar tanto esforço e sofrimento para se levantar de uma cadeira? Os suspiros de Jaime Bunda eram de cortar o coração de qualquer outra pessoa, não do chefe Chiquinho, que só sonhava em o ver fora do seu gabinete, da sua repartição, da sua cidade, do seu mundo. (Pepetela, 2001, p.13, 18)

O próprio romance, apresentado por quatro narradores, parodia as narrativas policiais, já que Jaime tem como missão descobrir o assassino de uma jovem estuprada e morta próxima à Ilha de Luanda, mas sua preocupação é obter vantagens em seu trabalho. Essa paródia, entretanto, acaba por gerar uma tensão na medida em que o texto, a partir da focalização das entranhas da burocracia, deixa entrever – sem contudo revelar totalmente – a face obscura e tenebrosa do poder.

Quanto ao Roque Santeiro, ele aparece na parte 10 do "Livro do primeiro narrador":

O maior mercado ao ar livre de África, de nome de novela brasileira. Pelo menos era o que dizia a propaganda oficial, como se a incapacidade de construir um grande mercado coberto fosse razão para aquecer o orgulho nacional. (...) Se calculava, cem mil pessoas estavam lá juntas na hora de maior afluência, que dizer, ao meio-dia. E um milhão passava todos os dias. (...)
Quem precisasse de um carro de segunda mão, muitas vezes roubado mas de origem impossível de identificar, no Roque o podia comprar e mais à carta de condução e ainda tinha uma lição rápida pelo menos para aprender a levar o veículo até casa.Quem quisesse ir aos Estados Unidos mas estivesse por alguma razão incapacitado para tal, não tinha maka, comprava passaporte já com visto de entrada, gentileza de um americano que viera para Angola ensinar democracia em cursos de duas horas e tivera acesso aos carimbos protegidos pelo FBI, CIA e PQP. (Pepetela, 2001, p.83-4)

A ironia corrosiva do narrador não deixa espaço para justificativas, já que o "orgulho nacional" e o "ensinar democracia", por exemplo, são relativizados e colocados no contexto da trapaça e do logro.

O mercado e seu caráter de trânsito entre a Ordem e Desordem será explorado de forma bastante eficaz na narrativa, na medida em que o agente policial (e, portanto, da Ordem) Jaime Bunda vai até o Roque a fim de contratar alguns homens para darem uma surra no marido de sua amante Florinda. Ou seja, recorre à esfera da Desordem para tentar resolver seus problemas afetivos. A situação é ainda mais insólita quando se pensa que o esposo de Florinda tem fortes vínculos com a "kamanga", ou seja, comércio ilegal de diamantes. Dessa forma, o ilícito é apresentado em suas várias faces, ao mesmo tempo em que sua extensão no seio da sociedade angolana é demonstrada.

Assim, o texto de Pepetela reitera um dos aspectos principais de que se reveste o mercado Roque Santeiro no imaginário de Luanda e em sua literatura contemporânea: o espaço da degradação das regras sociais, da Desordem e dos vícios e, sob esse particular, o símbolo do que se transformou o projeto utópico pelo qual lutaram os artífices da independência do país.

A mesma focalização recebe o mercado no romance *O automóvel do engenheiro Diakamba* (2003), de Tomás Medeiros[19], como se depreende do seguinte trecho:

Caminhava sempre e os seus passos acompanhavam-no, desajeitadamente, pelos mais variados cantos da cidade: Alvalade, Coqueiros, Prenda, Rangel e quantos mais? E seguindo a mesma lógica do indefinido, aterrou no Roque Santeiro. O mercado crescera imenso e, em pouco tempo, deixara de ser apenas o paraíso de esquemas, de prostitutas, de jogos de azar, de quimbandas improvisados, lugar onde as mães vendiam os filhos por uma côdea de pão, para ser, finalmente, o modelo, o modo de vida, o exemplo de sucesso do socialismo lumpen. Ali traficava-se tudo à luz do dia, perante o olhar cúmplice dos políticos e militares. (Medeiros, 2003, p.162)

O texto de Tomás Medeiros apresenta uma forte crítica à Angola atual, muito especialmente aos "políticos e militares", desenhando um mundo de desilusão e decadência. Nesse cenário, o mercado torna-se "o modelo, o modo de vida" de toda a sociedade e dos males que a atingem. Como se pode verificar, o romance não foge à maneira como a literatura angolana atual apresenta o espaço do mercado Roque Santeiro, tomando-o como o símbolo da corrupção e das mazelas que assolam o país.

Sob esse particular, verifica-se que o espaço do mercado popular, que fora focalizado na literatura angolana dos anos 70, 80 e 90 como o local do trabalho honesto, das quitandeiras, ou seja, das mamãs dignas de todo o respeito, tornar-se o local da burla, do roubo, da Desordem, acompanhando as mudanças que a sociedade sofreu ao longo desse tempo e, assim, o mercado torna-se emblemático da desilusão e questionamento de projetos anteriormente urdidos.

---

19 Ainda que o autor não seja angolano, incluímos o romance em nosso *corpus* quer pelo papel histórico desempenhado por Tomás Medeiros nas lutas pela independência dos países africanos de língua portuguesa, quer pela qualidade estética do relato.

A destruição da cidade

A forma de focalização do Mercado Roque Santeiro, segundo entendemos, integra uma "fala" sobre Luanda diferente daquela expressa pela literatura angolana dos anos 50 até 1980. Dela se ausentam, explícitos, aqueles desejos de construção da nação presentes nos primeiros momentos da independência, ou o heroísmo de seus trabalhadores dos anos 60 e 70, para dar lugar a uma cidade em que se desenha o caos e, dessa maneira, emergem alguns de seus horrores e medos. Dois textos elaboraram pioneiramente essa "fala": *Quem me dera ser onda* (1982), de Manuel Rui, e *O cão e os calus* (1984), de Pepetela.

O texto de Manuel Rui, ainda que tenha como cenário Luanda, não se detém em focalizar a cidade, dando preferência a espaços determinados: o prédio de apartamentos, a repartição pública, a escola, o hotel. Há a predominância de espaços fechados e, dessa forma, a cidade como um todo é construída a partir da focalização das personagens as quais, sob um discurso estereotipado de palavras de ordem, não chegam a elaborar uma crítica à situação, ficando o humor sarcástico do narrador como marca a que o leitor deve estar atento, a fim de elaborar a partir dele sua visão dos fatos, da urbe e do país. Dessa maneira, a saga do porco "Carnaval da vitória", criado em um apartamento em Luanda por uma família cujos filhos acabam por afeiçoar-se ao animal, aponta os esquemas e os descalabros da administração:

> "Carnaval da vitória" era dos seres vivos que mais benefícios haviam tirado com a revolução. Nascido de uma ninhada de sete, sobrevivera na subdesenvolvida chafurda da beira-mar da Corimba. Aí se habituara às dietas mais improvisadas, cuja base fundamental eram as espinhas de peixe. Nas confusões da areia, cedo ele e seus irmãos se libertaram da tutela maternal. (...) Porém, na semana seguinte, dos outros cinco irmãos de "carnaval da vitória", três foram varridos num comba e dois foram de oferta ao cabo-do-mar que facilitava na vida do pescador dono dos porcos. Para preservação da espécie, a irmã de "carnaval da

vitória" foi conservada numa pequena pocilga improvisada. (Rui, 1982, p.32)

A trajetória do porco, cujo nome é já uma crítica contundente ao estado em que se encontra o país, permite verificar como o texto constrói a sátira a uma sociedade corrupta e que destrói seus melhores sonhos. Sob esse aspecto, os dois meninos donos do porco, Zeca e Ruca, são a nota de esperança, pois acreditam que é possível a sobrevivência do "carnaval da vitória". No epílogo da narrativa, quando mais nada sobra, há, entretanto, a palavra final dos miúdos, apontando uma teimosa utopia:

> Cá em baixo, os meninos confiavam na força da esperança para salvar "carnaval da vitória". E Ruca, cheio daquela fúria linda que as vagas da Chicala sempre pintam na calma do mar, repetiu a frase de Beto:
> – Quem me dera ser onda! (Rui, 1982, p.78)

No que tange ao texto de Pepetela, pode-se afirmar que obedece aos ditames da crônica – na medida em que articula uma visão pessoal, subjetiva, aos fatos do cotidiano luandense, desenhando as dificuldades e impasses da cidade. Se por um lado o gênero escolhido delimita um aspecto importante da escrita da cidade, já que o texto curto, com uma linguagem próxima ao jornalístico aproxima-se do ritmo citadino, do ângulo que escolhemos, a geografia desenhada em *O cão e os calus* acaba também por apontar para as dificuldades de um projeto ideológico que enformara a ficção dos momentos anteriores. Explicitemos.

A Luanda focalizada não é mais a dos musseques, a periferia que almeja tornar-se o centro, mas sim a Baixa. Há um deslocamento espacial e a escrita elege para focalizar agora o centro, que nos textos anteriormente produzidos, era visto como hostil. Mas a focalização não o redime. Ao contrário, pois o cenário apresentado por intermédio da fala de uma das personagens é o de "uma Babilônia ingovernável, uma Torre de Babel". Sem governo, "os esgotos não funcionam, as ruas parecem queijos, as árvores imitam as ovelhas da Europa, tosquiadas rentes, os ratos confundem-se com coelhos, os passeios sujos, os prédios a feder de podres, a luz elétrica sempre com falhas, os jardins mortos" (Pepetela, 1988, p.31). Ou seja, à Luanda solidária dos musseques contrapõe-se a confusão e desgoverno dos novos tempos. Ressalte-se, contudo, que o desejo, ainda que colorido por um certo desencanto, não se ausenta. Pois o narrador, em suas palavras finais, propõe não a destruição, mas o construir de um cenário diverso do atual:

> Por isso vos digo: é preciso recomeçar tudo de novo. (...) Qual então o fio da estória? O cão? A toninha? O mar? Luanda? Ou tudo isso e que afinal era a vida boa daqueles tempos pouco depois da independência (anos hoje acinzentados pelos anos), em que a vida estava na pedra de cada muro, no buraco de cada rua, na coragem toda nova das pessoas de olharem para o fundo dum beco sem saída e encontrarem força de sorrir? (Pepetela, 1988, p.179)

Não há dúvida que as perguntas retóricas articulando "vida", "coragem" e "força de sorrir" remetem a "um tempo sempre novo" (para recordar aqui as palavras da canção de Manuel Rui) que é "acinzentado pelos anos", mas não totalmente destruído.

Examinando outras produções em prosa da literatura angolana, vemos que nos anos 90 a cidade de Luanda permanece como presença marcante, ainda que tenhamos romances com a qualidade de *A boneca de quilengues* (1992), de Arnaldo Santos, por exemplo, que desloca os cenários para outros espaços.

No entanto, ainda que novas paisagens sejam focalizadas pela literatura angolana da década de 1990, é ainda em Luanda que se passa parte significativa do polêmico *A geração da utopia* (1992), de Pepetela, e na mesma cidade, projetada em um futuro de predomínio da técnica que decorre a ação do conto título do primeiro livro de ficção científica da literatura angolana, *Titânia* (1993), de Henriques Abranches, sem esquecermos um outro romance de Boaventura Cardoso, *Maio, mês de Maria* (1997), o qual, com traços de realismo fantástico, tem sua ação desenvolvida sobretudo em Luanda.

LUANDA, CIDADE E LITERATURA 199

A respeito de *Titânia*, vale uma referência um pouco mais detida, já que se trata da primeira novela de ficção científica de Angola, com qualidade estética inquestionável e que traz alguns elementos temáticos importantes para o ângulo que escolhemos, ou seja, a destruição da cidade de Luanda. Vale lembrar que o texto de Abranches não apresenta exatamente a *débâcle* de Luanda, mas chama a atenção, com um senso de humor muito particular, para um estado de decadência da cidade que, apesar de apresentar um "desenvolvimento quase absurdo, em direção às nuvens" (Abranches, 1993, p.37), não consegue controlar avarias "habituais e inoportunas" dos prédios ou dos "videofones". Dessa forma, a Luanda que se mostra a partir do texto de Abranches é uma cidade dos fins do século XXI, mas com problemas muito conhecidos dos leitores da novela no século XX, que tornam a urbe obsoleta, ao mesmo tempo em que apresenta uma sociedade em que a inveja e a corrida aos melhores postos dão a tônica ao relato, o que nos remete a uma novela em que a distopia tem relevo.

O romance *A geração da utopia*, de Pepetela, escrito em 1991, faz referência a espaços e tempos diversos (Lisboa em 1961, Benguela, 1982, a guerrilha em 1972), objetivando desenhar o percurso de uma geração de angolanos participantes da luta de libertação os quais, como o próprio título indica, teriam sonhado – e tornado realidade a partir da luta de libertação – a nação angolana e partilhado a utopia de um futuro de esperança, paz e prosperidade para o país.

Ocorre, entretanto, que entre o sonho e a realidade interpuseram-se condicionamentos de todas as espécies e, ao final do texto, temos um cenário de desilusão, muito especialmente no capítulo "O templo", em que antigos combatentes são apresentados em suas novas atividades e a cidade é o caos em que essas personagens se movem, de tal forma que o texto acompanha o linchamento de um ladrão, que após ser espancado tem suas vestes molhadas com gasolina às quais é ateado fogo.

No caso de *Maio, mês de Maria*, a atmosfera fantástica instaura-se no relato a partir do ambiente de convivência de espíritos com os humanos, no desaparecimento súbito dos jovens do bairro do Balão, em Luanda, ou no clima de terror que a invasão de grandes cães instaura na cidade. O tempo da narrativa abarca desde a independência até os dias atuais, e alguns dos acontecimentos ali narrados permitem que aproximemos alguns dos episódios do romance a fatos da história recente de Angola, como o ainda não totalmente esclarecido golpe de 27 de maio de 1977, também chamado de Golpe fracionista de Nito Alves (antigo dirigente do MPLA, que participou da guerrilha na 1ª Região Militar).

Sob esse particular, o desaparecimento dos jovens do bairro do Balão, os cães que subitamente começam a aparecer para apavorar a população, assim como a indicação da data de maio no próprio título do romance, permitem que o leitor trace alguns paralelos com os acontecimentos de 27 de maio em Luanda, indiciando um elemento documental presente no texto. Se seguirmos essa leitura, poder-se-ia dizer que a cidade é vista como a capital do medo:

> Medo era sombra que estava se infiltrar em todos lares, fazia tremer corações, suicidava ousadias, minava arrojices de mijo, era o medo de ter medo. Quem que não pressentia o céu estava carregado de nuvens, que ia ter chuva abundante má para o cultivo? Clima de desconfiança era tão muito grande que as pessoas tinham deixado de aparecer em locais de ajuntamento habitual, estavam recuar na praça, encolhiam passos noturnos, continham penosamente a tradicional incontinência verbosa, não sei de nada, não vi nem ouvi nada, quem que imaginava nos tempos agora nossos a gente tinha de retrazer memória esquecida do tempo do tuga, vigiar a palavra, reaprender a pose estudada na esquina do olhar pidesco? (Cardoso, 1997, p.84)

Luanda é assim apresentada no romance de Boaventura Cardoso não como a cidade onde se aprendem os passos da liberdade por entre as ruas de seus musseques de gente teimosa e trabalhadora, mas a capital das crendices, da corrupção e, sobretudo, do medo.

Há, no entanto, dois textos publicados nos anos 90 em que ocorre um episódio que não tivera lugar na escrita sobre a cidade nos momentos anteriores: referimo-nos à destruição de Luanda. Aqui não se trata mais de apontar o caos, ou de elaborar a crítica aos rumos nebulosos da administração, mas sim da destruição da capital, e, nesse sentido, simbolicamente e do ângulo que vimos perseguindo, de denunciar como exaurido um projeto que se iniciou em fins dos anos 50 e percorreu os últimos quarenta anos da literatura angolana. Referimo-nos a *O desejo de Kianda* (1995), de Pepetela, e *A estação das chuvas* (1996), de José Eduardo Agualusa.

No livro de Pepetela, encontramos um dos elementos constitutivos do imaginário luandense e ao qual já nos referimos anteriormente: a teimosa presença da lagoa do Kinaxixi e sua moradora mais ilustre, a Kianda, no atual largo citadino. É importante salientar que em abono desse imaginário, o narrador traz às páginas do romance dois escritores paradigmáticos da literatura angolana, Arnaldo Santos e Luandino Vieira, fazendo-os dialogar com a personagem João Evangelista e contar os "causos" que cercam a lenda. Sob esse aspecto, vemos nesse cruzamento entre personalidades do mundo extra-textual e personagens literárias, um movimento de reflexão sobre a presença do literário nas imagens, lendas e vida de Luanda, além de realizar, a partir dos topônimos citados, uma espécie de resumo dos caminhos trilhados por personagens dos vários textos da literatura do país na escrita da cidade. E, portanto, somos tentados a ler o romance de Pepetela como um texto-síntese das imagens construídas pela Luanda literária e, em movimento complementar, como um arauto de novos tempos, que apontam para a derrocada final da cidade, que se anuncia paulatinamente, a cada ação empreendida pelo casal de personagens protagonistas, sobretudo aquelas levadas a efeito pela arrivista e corrupta Carmina.

No capítulo 6, por meio da visão de Evangelista e do discurso indireto livre, temos o anúncio do fim:

> Pelas notícias que davam na televisão, sabia que a Marginal estava praticamente inutilizável numa área que ia desde o largo do Baleizão até a Igreja da Nazaré. E a ser permanentemente escavada. Qualquer dia o porto ficaria isolado e aí ia ser um problema, como sairia o pitéu? Se o povo já quase não tinha nada para pitar, como ia ser depois, com a comida do PAM imobilizada no porto? Revoltas e mais revoltas. João

Evangelista pressentiu que as coisas de fato ultrapassavam o Kinaxixi, *para ferir mortalmente Luanda.* (Pepetela, 1995, p.106-7) (Grifamos)

A destruição da cidade irá se dar, no livro, a partir da queda dos prédios da superfície e do aflorar das águas represadas no subsolo de Luanda. No duplo movimento de rebaixamento do que é elevado e ascensão do que é reprimido, a Kianda ganha sua liberdade, redesenhando a geografia da cidade, conforme o trecho final do livro aponta:

> (...) não viu fitas de todas as cores do arco-íris saírem do lugar da lagoa do Kinaxixi, percorrerem a vala cavada pelas águas, iluminando a noite de Luanda, descerem a rua da Missão e a calçada que levava até a Marginal e continuarem por esta, ultrapassarem o Baleizão, com as águas que formavam gigantesca onda inundando toda a Avenida e indo chocar em baixo da Fortaleza contra a antiga ponte que os portugueses encheram de entulho e pedras e cimento, fazendo a Ilha deixar de ser ilha para ficar península, ligada ao continente por esse istmo de pedras e cimento contra o qual a onda gigantesca se abateu e em cima dela vinham as fitas de todas as cores, e derrubaram o istmo, se misturando as águas que vinham da lagoa com as águas do mar e as cores vivas se espalhando a caminho da Corimba, agora que a Ilha de Luanda voltava a ser ilha e Kianda ganhava o alto mar, finalmente livre. (Pepetela, 1995, p.119)

O longo período como que mimetiza a "gigantesca onda" que vai crescendo até chegar ao mar, na medida em que vai agregando novas frases, em um redemoinho de informação ao leitor e apontando a destruição, ao mesmo tempo em que constrói a indicação de outros espaços políticos a serem construídos.

A respeito desse texto, Carmen Tindó Secco, com propriedade, aponta:

> O narrador, em terceira pessoa, por intermédio de intenso comprometimento político, consegue fazer uma profunda e crítica análise do contexto social. Seu olhar assume a melancolia de quem narra de um

lugar *dialeticamente dilacerado*, ou seja, de quem adota a dissonância característica do rebelde radical, aquele que, segundo o filósofo Walter Benjamin, expressa um sentimento de mal-estar em relação ao *status quo*, mostrando-se inadaptado ao presente e nostálgico das crenças e dos valores absolutos do passado. (Secco, 2003, p.89)

Ao valer-se das reflexões de Walter Benjamin sobre a melancolia e a rebeldia, a estudiosa brasileira realiza uma abordagem bastante interessante e produtiva do texto de Pepetela, convergindo em muitos aspectos com o que apontamos.

O segundo texto a que nos referimos, *Estação das chuvas*, ainda que siga veredas diversas, pode ser aproximado de *O desejo de Kianda* não apenas no que tange ao tema da destruição da cidade, como também na presença de personalidades extratextuais (sobretudo políticos e/ou escritores) como Viriato da Cruz, por exemplo, e mistura a personagens criadas pelo autor.

Relativamente a esse ponto, não se pode deixar à margem que tanto Pepetela quanto Agualusa têm na relação literatura/história um veio bastante forte de sua ficção. Lembre-se de que a história angolana está presente em vários momentos da trajetória artística de Pepetela (*Yaka, A gloriosa família, A geração da utopia*) e, no caso de Agualusa, destacam-se os romances, *A conjura* (1989) cujo subtítulo é bastante esclarecedor (Relato dos infaustos acontecimentos que se deram nesta nossa terra de São Paulo da Assumção de Luanda no dia 16 de junho de 1911) e *Nação crioula* (1998) que, a partir de uma releitura de *A correspondência de Fradique Mendes*, discute a sociedade luandense dos fins do século XIX.

Da mesma maneira que no romance de Pepetela, o centro da cidade detém as atenções do narrador do texto de Agualusa, o qual, deambulando por suas ruas e prisões, acaba por elaborar um cenário de barbárie crescente. Assim, o episódio do assassinato de um albino no capítulo final do romance pode ser visto como um exemplo das palavras de uma das personagens no capítulo anterior e que corroboram a relação cidade-projeto ideológico/estético-país:

Joãoquinzinho fez um gesto largo, mostrando a casa, com as paredes comidas pelas balas. A cidade apodrecendo sem remédio. Os prédios com as entranhas devastadas. Os cães e os excrementos dos cães. Os loucos com o corpo coberto de alcatrão. Os mutilados de olhar perdido. Os soldados em pânico no meio dos escombros. E mais além as aldeias desertas, as lavras calcinadas, as turvas multidões de foragidos. E ainda mais além a natureza transtornada, o fogo devorando os horizontes. Disse: – Este país morreu! (Agualusa, 1996, p.279)

Com o desenrolar da ação, percebe-se que a cidade em que agem as personagens de Agualusa vai se tornando desencantada, e aos desejos que presidiriam uma primeira parte do texto, sobrepõe-se o medo e a desesperança, funcionando a destruição da capital como metonímia de toda Angola: "Este país morreu!".

Conforme bem aponta Maria Teresa Salgado a respeito do romance:

> Esta obra parece não se permitir nenhum otimismo, ou por outra, Angola transpira por todos os poros da narrativa, mostrando seu lado luminoso (como diz Maria Teresa Horta na orelha do livro), e cegando-nos com sua beleza. Mas o texto desemboca na impotência e no desespero. (Salgado, 2000, p.191)

Ora, para lembrarmos mais uma vez Calvino, já citado no início deste capítulo, "as cidades, como os sonhos, são construídas por desejos e medos, ainda que o fio condutor de seu discurso seja secreto, que as suas regras sejam absurdas, as suas perspectivas enganosas, e que todas as coisas escondam uma outra coisa".

Se assim é com as cidades em que nos locomovemos cotidianamente, nossa perspectiva é que o mesmo ocorreria nos ambientes urbanos representados literariamente.

Dessa forma, entendemos que alguns dos desejos que alicerçaram os edifícios narrativos da Luanda literária dos fins dos anos 50 estariam ainda presentes nos textos produzidos hoje, sobretudo dois deles: a solidariedade entre os homens e a busca da liberdade. Assim, são esses valores que são preservados na escrita dos anos 80 e

90. No entanto, a cidade erguida sobre esses alicerces não teria correspondido ao traçado original. Em seu lugar, a destruição foi deixando suas marcas e, destarte, os textos passam a focalizar o avesso do desejo: os medos da cidade. E do confronto entre ambos, resultaria a necessidade de destruir Luanda, emblematicamente representante de um projeto estético-ideológico. E, sob este particular, lembremos que, embora *Maio, mês de Maria*, acima citado, não apresente a destruição da cidade, pode-se falar que um de seus grandes temas seja o medo.

E o medo freqüenta outros textos produzidos após os anos 90, como, por exemplo, o conto "O triunfo do acaso", de *O noctívago* (2000), de autoria de Luís Kandjimbo em que, em tom de blague, conta-se a história de um jornalista o qual, por conta de uma brincadeira da esposa de um militar de alta patente, quase perde tudo o que tem:

"Olha. Vocês não vão fazer muitos estragos. Queimem só a mobília e os livros. Esse jornalista deve ter muitos livros. Geralmente é isso que eles dão mais importância", ordenou, enquanto manipulava a pistola.

Silencioso, à espera que nenhuma bala fosse disparada, eu ouvia as palavras que estavam a ditar o destino do meu apartamento, da biblioteca trazida do Lubango que me custara a construir e do recheio. Eu raramente ingeria bebidas alcoólicas comuns. Por isso, estava a beber maluvo. De repente, interpelei o major. A minha voz tremia, quando comecei falar. (Kandjimbo, 2000, p.29-30)

Pensemos, contudo, que, se a cidade literária de Luanda vai sendo o palco da destruição e do medo, a esperança teimosamente persiste. Não exatamente na cidade, mas, sintomaticamente, em uma *ilha* próxima: o Mussulo. É de lá que o romance de Manuel, *Rioseco* (1997), nos acena com a Utopia de construção de uma unidade a partir da diversidade de homens, de paisagens e de línguas. O Sonho prossegue.

Em nossa breve abordagem das representações literárias da cidade de Luanda abraçando, nesse capítulo, dos anos 60 até a atualidade, procuramos demonstrar como os desejos, os sonhos e os medos estão presentes nos caminhos da escrita sobre a cidade de Luanda, inicialmente como o sonho, a utopia de construção da nação para depois, paulatinamente, tornar-se o desencanto e pesadelo de um presente de corrupção e morte. E, destarte, temos as narrativas em que a cidade – metonímia do país e de um projeto – é destruída.

Não cremos que seja possível apresentar com clareza os rumos da literatura angolana após esse momento, que, afinal, é o presente. Os próprios autores, talvez, não tenham respostas. Avançamos, no entanto, algumas achegas, acompanhando o movimento editorial de Angola.

Revisitação do passado recente

O ano de 2002 foi importantíssimo para a história de Angola, na medida em que foi assinado em Luanda um cessar fogo definitivo entre o Movimento Popular de Angola – MPLA – e a União Nacional para a Independência Total de Angola – Unita –, ato esse possível, sem dúvida, em razão da morte de Jonas Savimbi. Finalmente, depois de mais de trinta anos de conflito armado no país, o povo angolano pôde sentir os ventos da paz. Dada a proximidade dos acontecimentos, cremos não ser ainda possível verificar como a produção letrada responderá a eles, já que se prenunciam grandes mudanças, como aponta Ruy Duarte, lucidamente, na Abertura de seu *Actas da Maianga*:

> Por isso agora, consumada coisa, pensei então, virar ou não de página na vida de todos nós, no foro de cada ruminação pessoal – cada um de si para si, accionado pelo impacto –, há de ser o choque: que algo mudou, está para mudar, dá para sentir, com força e desde já. (Duarte, 2003, p.16)

São anos de guerra que causaram uma exaustão do país e sua gente, trazendo consigo uma cultura da perda que, sem dúvida, esgarçou o tecido social e ensejou numerosos descaminhos na utopia que moveu os angolanos nas trilhas da independência. Durante os longos anos do conflito, as mudanças foram sentidas dramaticamente em Angola, que passou de uma proposta inicial de economia planejada para o livre mercado, por exemplo, o que fez com que algumas etapas não fossem esgotadas, mas sim substituídas e, algumas vezes, se superpusessem. A juventude apenas viveu a guerra, e seus horizontes acabaram por se confundir com o consumo, obliterando o passado e os projetos que construíram o país.

Em face desse cenário é que ressaltamos textos que, segundo entendemos, têm ganhado espaço na escrita de/sobre Luanda. Assim, destacamos perspectivas que vinham sendo esboçadas já anteriormente, mas que ganham força a partir do novo século. Uma delas é a de um grande número de textos memorialistas que a chamada "geração da utopia" (para usar o título do livro de Pepetela) publicou, tentando fazer conhecida e/ou recuperar a fase heróica da luta de libertação angolana e dos primeiros tempos pós-independência.

Utilizamos o termo "Memorialismo" para abarcar textos em que a dominante é a narrativa com forte pendor biográfico, por vezes confessional, que se concretiza em diários, relatos autobiográficos e narrativas que, confessadamente, buscam recuperar o passado. A notar, entretanto, que o "antigamente" sobre os quais os textos se debruçam, não raro, pode ser definido como um "inventário de origens plurais" – para usar a expressão de Finazzi Agrò – e remete a um movimento que, partindo do individual, atinge o coletivo.

Parece-nos que se trata ao mesmo tempo de uma recuperação do passado e de lançar pontes para o futuro, na medida em que as vivências apresentadas nas narrativas apontam para a construção de uma angolanidade.

Dentre os vários textos que se apresentam sob essa perspectiva, vale destacar, primeiramente, o livro de memórias de Costa Andrade, intitulado *Adobes de memória*, em dois volumes (nomeados, respectivamente, "Tukayana" e "Chegadas"), que trazem aos leitores acontecimentos sobre a vida no maquis, no exílio e, na atualidade, iluminados com um estilo elegante e no qual a memória, individual, não raro cede lugar ao coletivo, desenhando-se em seu percurso por caminhos de exílio e luta, o encontro com a História da nação angolana. Nesse sentido, trajetória individual e história do país confundem-se, de tal maneira que as recordações do escritor são as do cidadão que lutou e sofreu, ao lado de numerosos companheiros, para dar vida ao sonho de liberdade de sua terra. Assim, o texto de Costa Andrade é matéria imprescindível para os que pretendem conhecer a moderna história angolana, pois o cotidiano da guerrilha, o exílio dos quadros angolanos, os acordos, discussões e guerra que antecederam a proclamação da independência do país a 11 de novembro compõem-se aos olhos do leitor, a partir de flashes que flagram conversas, atos heróicos e mesquinhos, desenhando a história, sobretudo no primeiro volume de *Adobes de memória*. É nele que encontramos, por exemplo, as páginas de linguagem tensa que narram os combates que antecederam a proclamação da independência e das quais destacamos um pequeno trecho:

> A Unita que procurava criar, com algum sucesso, a imagem pacifista e de força neutral que tanto iludia e agradava aos colonos e a largas faixas da população, apoiada num discurso bilíngüe que em português dizia paz e harmonia e em umbundu matar e esfolar quantos não fossem militantes seus, acreditou chegado o momento para passar à ofensiva, aproveitando a derrota da FNLA e o desgaste do MPLA.
> A cidade foi tomada em menos de três dias.
> As prisões e os massacres aconteciam a cada hora, em cada bairro.
> Joaquim Kapangu, Albano Machado e Antonio Assis eram torturados diariamente, acusados de traição à causa dos umbundus e de Savimbi, o redentor. (1º v., p.68)

O excerto acima, que descreve a batalha pela posse da cidade de Huambo em 1975, demonstra o perfeito domínio de linguagem de Costa Andrade. Veja-se como o primeiro parágrafo, com frases mais longas, tem um caráter analítico, descrevendo os contendores (Unita, FNLA e MPLA) e sua situação naquele momento para, em seguida, em um movimento muito próximo do zoom cinematográfico, aproximar-se da cidade, depois dos bairros e, em seguida, dos homens torturados. Esse movimento – do geral para o particular (ou do plano geral para o *close*, se preferirmos os termos do cinema) – é construído por períodos mais longos que se vão adelgaçando, com ritmo nervoso e tenso, como a acompanhar a violência que se torna maior a cada momento. Assim, se o conteúdo de que nos fala o texto é dramático, a linguagem empregada, com mestria, dá um sentido trágico ao acontecimento.

E se fizemos questão de dar relevo a essa questão, é porque a elegância da linguagem em *Adobes de memória* é flagrante, de tal maneira que a própria palavra passa a ser quase uma outra personagem de todo o texto. E, sob esse aspecto, o livro de Costa Andrade acaba por nos falar também de seu estilo e de sua trajetória artística.

O segundo volume de *Adobes de memória*, sem dúvida, interessa bastante à literatura, à medida que o primeiro capítulo, "Semelhanças com autobiografia" desenha o percurso literário-existencial do autor, assim como os demais discutem o fazer literário e as relações de todo o grupo de intelectuais de Luanda. Sem dúvida, trata-se de testemunho importante para a história intelectual do país.

Há ainda a referir *Um testemunho para a história de Angola – do Huambo ao Huambo*, de Sócrates Dáskalos (2000), o qual, com um trabalho artístico menos acurado que o de Costa Andrade, também revisita o passado, refletindo sobre a Casa dos Estudantes do Império, a FUA, a luta de libertação, chegando ao ano de 1992, que aborda brevemente, constituindo retrato interessante de pessoas e momentos importantes da história de Angola e da vida de Luanda e Benguela ao longo de seus onze capítulos. O caráter de luta contra o esquecimento que o livro estabelece fica bastante explícito nas palavras iniciais do Prefácio de Manuel Rui:

> O que mais me fascina por amor e triste tristeza feliz é o Sócrates colocar nestas memórias aquilo que alguns pretendem que se olvide, se apague pelo falso ou imposto esquecimento, ou ainda, se transforme, de lágrima que o tempo ainda não secou, num aparente, contemplativo e negociado sorrido. (Rui, in Dáskalos, 2000, p.29)

Era no tempo das acácias floridas, de Carlos Ervedosa (1990), também faz parte dos textos memorialistas. Com uma preocupação estética e histórica, o livro inicia-se com a Luanda dos anos 40, ajudando a compor o panorama dos momentos que antecederam a luta de libertação e a vida dos intelectuais luandenses, a partir de uma perspectiva pessoal:

> Lugares sagrados da minha vida, cazumbis dum passado cada vez mais distante, eu os recordo e nomeio com a mesma emoção e com o mesmo enlevo de quem reza uma oração.
> Saudades de Luanda – *aiuê, Luanda iami!...* – e dos tempos maravilhosos da juventude inspiraram estas breves linhas.
> Releio-as e hesito.
> Estará bem claro, no que atrás escrevi, que as minhas saudades são do tempo colonial e não do colonialismo?
> Do tempo antigo, tempo *iokulo*, tempo em que nasci e cresci, em que sonhei, lutei, amei e fui feliz. (Ervedosa, 1990, p.202)

De Inácio Rebelo de Andrade, *Saudades do Huambo* (Para uma evocação do poeta Ernesto Lara Filho e da "Coleção Bailundo") (1999), como o nome mesmo aponta, traz ao leitor momentos importantes da trajetória existencial e artística de Ernesto Lara Filho, bem como da vida no sul de Angola nos anos 50 a 70: os estudantes, as festas e a resistência dos nacionalistas. Com uma edição cuidada, o texto apresenta fac-símiles de textos de Lara Filho, bem como uma pequena antologia e pelo menos um poema inédito do escritor falecido em 1977, constituindo-se, assim como o livro de Costa Andrade, em um capítulo interessante da história da literatura angolana contemporânea.

Já o livro de Antonio Gonçalves intitulado *Cenas que o musseque conhece*, primeira obra em prosa do autor, é uma narrativa de ficção baseada em fatos reais dos quais o escritor teria participado e se constituiria em "uma novela épica de Angola sobre os últimos anos da década de 60, quando o país permanecia sob ocupação portuguesa" (Gonçalves, 2002). De forma geral, o relato não foge muito aos temas e personagens que analisamos ao longo do presente capítulo.

Meu nome é Moisés Mulambo, de Jofre Rocha, constitui um texto interessante, na medida em que fica entre o conto e a literatura de testemunho, já que na introdução o autor afirma:

> Tudo o que aqui fica contado, foi ouvido da boca de Moisés Antonio da Silva, mais conhecido por Moisés Mulambo, num dia qualquer do ano não muito distante de mil novecentos e oitenta. Assim, os fatos e dados menos precisos ou que venham eventualmente a conter inexatidões, não são necessariamente da responsabilidade de quem se limitou a ouvir e registrar para a posteridade, aquilo que o próprio cidadão quis de bom grado relatar. Tanto quanto possível, o escriba fez questão de respeitar a sucessão dos acontecimentos, suas datas, os nomes das localidades e das personagens. (Rocha, 2003, p.11)

Aparentemente, estamos diante da transcrição da fala de um nacionalista que o autor se dispôs a passar para o papel. O estilo, a seleção dos acontecimentos e a construção de personagens, todavia, permitem verificar que o texto de Jofre Rocha erige-se em ficção – quer tenha existido ou não Moisés Mulambo.

É Jofre Rocha também que organiza o *Diário de um exílio sem regresso*, de autoria de Deolinda Rodrigues e que traz ao leitor o cotidiano de uma jovem que deixa a família e amigos para dedicar-se à luta de libertação e é assassinada. Composto do diário propriamente dito e boa documentação iconográfica e de outra ordem, o livro atinge, em alguns momentos, alta poeticidade e não raro envolve o leitor que, cúmplice com "Langidila", acompanha sua luta cotidiana, inclusive contra si própria, no objetivo de tornar-se uma militante exemplar:

> 27 de Janeiro – Quando já estou arrasca cá volto. Hoje trouxeram-me de volta os exemplares do vocabulário fiote-português porque estão com a linguagem dos padres e por aí fora. (...) Mas preciso de corrigir os erros, levantar a cabeça e continuar a marchar, pelo menos fazer o melhor para a Revolução. O que eu não for capaz de fazer, melhor deixar e não meter-me em cavalarias altas. Mamã, ajuda-me a não ficar amuada; a compreender os meus erros e corrigir-me. (Rodrigues, 2003, p.91-2)

Segundo entendemos, esse volume é exemplar do que afirmávamos quanto à vertente do "Memorialismo" na literatura angolana contemporânea, na medida em que a publicação de *Diário de um exílio sem regresso* recupera a trajetória de uma jovem que é uma das heroínas nacionais e, ao fazê-lo, coloca na cena das letras do país não apenas a autora de "Um 4 de fevereiro", mas toda uma geração cuja memória representa a própria história angolana.

Do jornal ao livro

Uma outra tendência que se pode verificar na literatura recente de Angola refere-se à publicação de coletânea de crônicas que, inicialmente, foram publicados em jornais, especialmente no *Jornal de Angola*.

Como se sabe, a crônica é o gênero por excelência da cidade, já que seu meio de veiculação primeiro é o jornal diário, como nos faz questão de lembrar Dario de Melo:

> Mas não nos esqueçamos – a crônica é um produto essencialmente urbano. De quem sabe escrever, para quem gosta de ler, pelo que deveremos considerar o leitor a quem ela se dirige – o citadino da classe média e alta. Em resumo de palavras antigas: a burguesia expendendo dinheiro, novo riquismo e ignorância, ou a pequena burguesia, quase sempre com algum (ou muito) apetite intelectual. (Melo, in Cristovão, 2003, p.21)

Não sendo uma transcrição da realidade, a crônica a ela se vincula na medida em que se baseia em fatos do cotidiano que são recriados pela capacidade lírica e ficcional do autor. De maneira geral, pode-se dizer que o autor-cronista coloca-se como observador da sociedade que narra.

Não se deve deixar à margem, também, que a crônica, dado o seu caráter efêmero, constitui-se como o único gênero literário contemporâneo produzido essencialmente para ser vinculado na imprensa (seja escrita – preferencialmente, – seja falada). Nesse sentido, ela não raro aparece entre notícias rápidas, caracterizando-se por estar perto do dia-a-dia, seja nos temas, seja na linguagem despojada e coloquial do jornalismo.

Talvez por isso, buscando resistir ao caráter descartável do jornalismo, vários cronistas selecionam os textos que lhes parecem menos perecíveis para editá-los sob a forma de livro. Essa tem sido uma tendência bastante forte da literatura angolana contemporânea e, como veremos, atinge uma gama variada de autores os quais, segundo entendemos, buscam na publicação de seus textos veiculados inicialmente na imprensa uma forma de preservar a memória e revisitar momentos importantes do passado recente do país.

Dentre os numerosos textos de crônicas que passaram a compor um volume, vale referir inicialmente *Da minha banda* (1998), de Roberto de Carvalho, na medida em que este é o primeiro volume da coleção "Textos no contexto" da editora Kilombelombe, a qual escolheu os quarenta e um textos – a maioria publicados no *Jornal de Angola* entre os anos de 92 e 97 – para vir a público apresentar os textos que falem de Angola e sua gente.

Figuras & "mujimbisses", de Ricardo Manuel, congrega textos publicados entre os anos de 80 e 95 no mesmo *Jornal de Angola* e no *Correio da semana* e apresenta flashes do cotidiano luandense, flagrando os meninos de rua e sua luta pela sobrevivência ou as ruas da cidade-capital em suas história e estórias.

Não se pode também esquecer o volume *Cala-te Carlos*, de autoria de Carlos Alberto Mac-Mahon de Vitória Pereira, médico, que reuniu 46 crônicas publicadas nos anos 90 no *Jornal de Angola*. Com 106 páginas, o livro apresenta fatos cotidianos sobretudo de Luanda, bastante ligados às eleições de 1992 e à situação da saúde no país em razão da experiência parlamentar do autor.

O volume *Crônicas apressadas*, de autoria de Gabriela Antunes, publicado em 2002, reúne 29 crônicas escritas em 1998 e lidas semanalmente no programa "Domingo Final" da Rádio Luanda Antena Comercial (LAC). Os textos tratam de assuntos variados, indo da política ao lançamento de livros, em uma linguagem voltada ao jovem, a quem o programa era dedicado.

Crônicas ao sol e à chuva, de Arnaldo Santos (2002), congrega crônicas e outro tipo de textos veiculados em vários jornais e revistas. Com a elegância do estilo que identifica o autor, o volume apresenta comentários e reflexões sobre a situação de Angola e sua cultura, sobretudo a partir de 1992, além de textos memorialísticos e de ficção.

O volume de autoria de Conceição Cristóvão, intitulado *Pela porta da palavra – Crônicas, Mukandas e Re (in) flexões*, assim como o de Gabriela Antunes, reúne textos veiculados pelo autor no período de três anos em que colaborou com a Rádio LAC – Luanda Antena Comercial. Dividido em três partes ("Crônicas" – ou pequenas estórias elípticas; "Epístola" – Monólogos: outra forma de dizer silêncios e "Re(in)flexões" – Comentários e outros textos de reflexão), o livro apresenta assuntos variados e em vários dos textos o poeta e/ou o deputado se fazem presentes.

Como se pode verificar, a partir dos títulos citados, a literatura angolana contemporânea de certa maneira continua a focalizar Luanda como seu espaço privilegiado. Há, no entanto, uma mudança no que se refere aos gêneros literários, já que a crônica vem assumindo um papel cada vez mais importante no cenário das letras nacionais.

As tendências da literatura para o próximo período, segundo entendemos, ainda não estão seguramente desenhadas. O momento ainda é de incerteza em função das perspectivas que se apresentam em razão do muito recente cessar fogo definitivo no país. Provavelmente o tecido social se recomponha e a normalidade volte à sociedade angolana, propiciando que se busque com maior tenacidade o fim das desigualdades sociais. Esse panorama, sem dúvida, trará novos temas e personagens à literatura e, provavelmente, o "senso de missão" com que têm se apresentado os textos em sua maioria, seja paulatinamente substituído por uma maior gratuidade. Ou então, pode ser que essa – a intervenção social – seja uma marca definidora da literatura angolana. Somente o tempo nos dirá. Cremos, no entanto, que ainda por muito tempo Luanda será o espaço privilegiado das narrativas angolanas e continuará a ser o espaço privilegiado do imaginário e das letras angolanas.

Considerações Finais

Como afirmamos no início deste trabalho, percorrer as ruas de Luanda é experimentar sensações contraditórias, oriundas das "descontinuidades estabelecidas por um processo colonial" – para usarmos a feliz expressão de Mourão – em sua constituição e posterior desenvolvimento. Assim, ao lado da história dos primeiros colonizadores, as ruas da capital de Angola também exibem as marcas de sua modernização tardia e a dolorosa condição de capital de um país periférico na ordem mundial, expressas no descuido, na sujeira e no caos urbano.

Foram as contradições dessa cidade africana, a primeira fundada ao sul do Saara, que nos conduziram a pensá-la como símbolo do país do qual é capital e a das relações ali estabelecidas entre literatura e o "complexo colonial de vida e pensamento". A partir do pressuposto de que nas cidades fundadas pelos colonizadores se inscreve a rede de signos que indica a conquista e que a ordem colonialista se escreve em uma realidade física e cultural, buscamos traçar uma tipologia da alteração do *status* de Luanda desde a sua função até os dias atuais, passando pelo momento inaugural da nacionalidade que foi a independência do país. Ao mesmo tempo, procuramos delimitar as manifestações literárias de cada um desses momentos.

Assim, dividimos nosso trabalho em quatro momentos principais, cada um deles atinente a um momento da história de Angola protagonizado por Luanda. Se em "A cidade africana" a focalização privilegiada foi a da oratura, procuramos não deixar à margem o aproveitamento que os autores angolanos realizariam das manifestações culturais desse período em suas obras.

Já em "A cidade portuguesa no além-mar", preocupou-nos verificar como uma intrincada rede de representações é dirigida pelo olhar oriundo da metrópole, de tal maneira que a colônia é vista, mas não se torna visível e, assim, as manifestações literárias acabam por seguir os modelos tecno-formais da metrópole.

As manifestações literárias que passam a olhar decisivamente a colônia e com isso apontam para um nativismo nascente foram focalizadas no capítulo 4, ocasião em que nos colocamos na mesma vertente de estudiosos que propõem a existência de uma "elite crioula" importante para pensar o momento em que o nacionalismo angolano começa a surgir e seus posteriores desdobramentos. Tomamos a narrativa *Nga Muturi*, de Alfredo Troni, como paradigmática desse momento, não dando destaque ao romance de Assis Júnior intitulado *O segredo da morta*, já que neste texto, magnífico sob vários aspectos, a focalização privilegiada é dos centros de comércio do interior do país.

É, no entanto, a produção literária nascida em Luanda a partir dos fins dos anos 50 que nos interessa mais de perto por entendermos que ela representa a autonomia literária, no momento de consolidação de uma literatura nacional. Sob essa perspectiva, procuramos determinar alguns denominadores comuns que atravessam toda a literatura angolana e que acabam por se constituir em elementos de sua tradição literária. Para tal, escolhemos a constituição de alguns tipos de personagem (as quitandeiras, as prostitutas, as crianças e os malandros) e a focalização de um espaço (o mercado) a fim de apontar as diferenças e semelhanças que eles apresentarão ao longo dos últimos cinquenta anos. Identificamos, a partir desse exame, o esgotamento de um projeto que animou e direcionou política e culturalmente a vida angolana, ao mesmo tempo em que reconhecemos a presença de valores – como a solidariedade, por exemplo –

que permanecem ao longo de todo o tempo, resistindo às mudanças mais bruscas.

Procuramos enfatizar, também, a profunda ligação que a literatura angolana estabelece com o real extratextual e o senso de missão que daí decorre como uma das características constantes desse sistema literário.

Temos certeza, no entanto, que Luanda – a da escrita e a do real extratextual – é muito maior que nosso esforço em abarcá-la e, dessa forma, ao final de nossas deambulações pelas ruas e becos da cidade-capital, só podemos fazer nossas as palavras de Jorge Macedo:

> Ayiwè Luanda
> ayiwè Luanda
>   te peço eu perdão
>   porque teus encantos tantos
>   não soube eu guardar

Referências Bibliográficas

a) Dos autores estudados

ABRANCHES, H. *Titânia*. Luanda: União dos escritores angolanos, 1993.
ADONIAS FILHO. *Luanda beira Bahia*. 15 ed. Rio de Janeiro: Bertrand Brasil, 1997.
AGUALUSA, J. E. *Estação das chuvas*. Lisboa: Dom Quixote, 1996.
_____. *Nação crioula*. Rio de Janeiro: Gryphus, 1998.
_____. *A conjura*. Luanda: União dos escritores angolanos, 1989.
ANDRADE, F. C. *Luanda*. Poema em movimento marítimo. Luanda: Executive center, 1997.
_____. *Adobes de memória*. Luanda: Chá de Caxinde, 2002. 2 v.
ANDRADE, I. R. *Saudades do Huambo* (Para uma evocação do poeta Ernesto Lara Filho e da "Coleção Bailundo"). 2 ed. Évora: NUM, 1999.
ANTUNES, G. *Estórias velhas roupa nova*. Ilustração Rui Truta. Luanda: União dos escritores angolanos, 1998.
_____. *Crônicas apressadas*. Luanda: Inici, 2003.
BENÚDIA. Nossa vida, nossas lutas. Luanda: União dos escritores angolanos, Coimbra: Atlântida, s.d.
CALVINO, Í. *As cidades invisíveis*. Trad. D. Mainardi. São Paulo: Cia das letras, 1990.

CARDOSO, A. *A casa de mãezinha*: cinco estórias incompletas de mulheres. Luanda: Ulmeiro, 1980.

CARDOSO, B. *Dizanga dia Muenhu*. São Paulo: Ática, 1982. (Autores africanos, 16)

―――. *Maio, mês de Maria*. Porto: Campo das letras, 1997.

―――. *O fogo da fala*. Exercícios de estilo. Lisboa: Edições 70, 1980.

CARVALHO, R. D. *Actas da Maianga... dizer das guerras, em Angola...* Lisboa: Cotovia, 2003.

CRISTOVÃO, C. *Pela porta da palavra. Crônicas, mukandas & re (in)flexões*. Luanda: Chá de Caxinde, 2003.

CRUZ, V. *Poemas*. Luanda: União dos escritores angolanos, 1991.

DÁSKALOS, S. *Um testemunho para a história de Angola*: do Huambo ao Huambo. Lisboa: Vega, 2000.

DAVID, R. *Contos tradicionais da nossa terra*. Luanda: União dos escritores angolanos, 1979. v. 1 (Lavra & Oficina, 22).

―――. *Contos tradicionais da nossa terra*. Luanda: União dos escritores angolanos, 1982. v. 2 (Lavra & Oficina, 41).

ERVEDOSA, C. *Era no tempo das acácias floridas*. Linda-a-Velha: Alac, 1990 (Coleção Vária).

FERNANDO, L. *Clandestinos no paraíso*. Luanda: Nzila, 2005.

GONÇALVES, A. *Cenas que o musseque conhece*. Havana: José Martí, 2002.

KANDJIMBO, L. *O noctívago e outras estórias de um benguelense*. Luanda: Nzila, 2000.

LEMOS, J. de. *Undengue*. Luanda: União dos escritores angolanos, 1993.

LIMA, C. *A Kianda e o barquinho de Fuxi*. Ilustrações Sérgio Piçarra. Luanda: Instituto nacional das indústrias culturais, 2002. (Coleção Folha verde, 2).

LOBATO, A. *Quatro estudos e uma evocação para a história de Lourenço Marques*. Lisboa: Junta de investigação do Ultramar, 1961.

LOBO ANTUNES, A. *As naus*. Lisboa: Dom Quixote, 1988.

―――. *Os cus de Judas*. Porto Alegre: Mercado Global, 1981.

MACEDO, J. *Gente do meu bairro*. Lisboa: Edições 70, 1977.

―――. *Luanda detrás das suas "cidades"*. Luanda: Kilombelombe, 2004.

MACHADO, P. F. *Cenas de África*: romance íntimo. Organização e notas de E. Bonavena. Lisboa: Imprensa Nacional-Casa da Moeda, 2004.

MAC-MAHON, C. A. *Cala-te, Carlos*. Luanda: ed. do autor, 2003.
MANUEL, R. *Figuras e mujimbisses*. Crônicas de uma cidade... Luanda: Kilombelombe, 1998.
MATA, J. C. *Noites de Loanda (episódios da mocidade bohémia)*. Apud GARMES, H. Devassidão e saber nas cidades de Luanda e de São Paulo. In: CHAVES, R., SECCO, C., MACEDO, T. *Brasil/África: como se o mar fosse mentira*. Maputo: Imprensa Universitária, Universidade Eduardo Mondlane, 2003, p.187-201.
MEDEIROS, T. *O automóvel do engenheiro Diakamba*. Lisboa: Editorial escritor, 2003.
MELO, D. *Estórias do leão velho*. Luanda: União dos escritores angolanos, 1985.
_____. *Queres ouvir?* Ilustrações Henrique Arede. Luanda: União dos escritores angolanos, 1988. (Coleção Acácia rubra, 4).
_____. *Vou contar*. Ilustrações Henrique Arede. Luanda: União dos escritores angolanos, 1988 (Coleção Acácia rubra, 3).
_____. *Quitubo, a terra do arco-íris*. Luanda: Inald, 1990.
MELO, J. *Os filhos da pátria*.Luanda: Nzila, 2001.
MINGAS, A. *O leão e a lebre*. Luanda: Inald, 2004.
_____. *Hoji ni Kabulu*. Luanda: Inald, 2004.
MORAIS, F. *Momento de ilusão*. Luanda: Chá de caxinde, 2000.
NEHONE, R. *O ano do cão*. Luanda: Nzila, 2000.
NETO, A. *Sagrada esperança*. 7 ed. Luanda: União dos escritores angolanos, 1995.
_____. *Náusea. O artista*. Luanda: União dos escritores angolanos, 1980.
ONDJAKI. *Bom dia camaradas*. Luanda: Ndjira, 2003.
PEPETELA. *O cão e os calus*. Luanda: União dos escritores angolanos, 1988.
_____. *Lueji: o nascimento de um império*. Luanda: União dos escritores angolanos, 1989.
_____. *A geração da utopia*. Lisboa: Dom Quixote, 1991.
_____. *O desejo de Kianda*. Lisboa: Dom Quixote, 1995.
_____. *Jaime Bunda, agente secreto*: estória de alguns mistérios. Lisboa: Dom Quixote, 2001.
RIBAS, Ó. *A praga*. Luanda: União dos escritores angolanos, 1978. (Cadernos Lavra & Oficina, 9)

ROCHA, J. *Estórias do musseque.* São Paulo: Ática, 1980. (Autores africanos, 5)
_____. *Crônicas de ontem e de sempre.* Luanda: União dos escritores angolanos, 1981.
_____. *Meu nome é Moisés Mulambo.* Luanda: Chá de caxinde, 2003. (Coleção independência, 11)
RODRIGUES, D. *Diário de um exílio sem regresso.* Luanda: Nzila, 2003.
RUI, M. *Quem me dera ser onda.* Lisboa: Edições 70, 1982.
_____. *Rioseco.* Lisboa: Cotovia, 1997.
_____. *Sim camarada!* 2 ed. Luanda: União dos escritores angolanos, 1985.
_____. *1 morto & os vivos.* Luanda: União dos escritores angolanos, 1992.
_____. *Maninha.* Crônicas. Cartas optimistas e sentimentais. Luanda: Nzila, 2002. (Coleção Mambu)
SANTOS, A. *Kinaxixe e outras prosas.* São Paulo: Ática, 1981. (Autores africanos, 8)
_____. *Crônicas ao sol e à chuva.* Luanda: União dos escritores angolanos, 2002.
SANTOS, J. A. dos. *Kasacas & cardeais.* Luanda: Chá de caxinde, 2002.
TALA, J. *Os dias e os tumultos.* Luanda: União dos escritores angolanos, 2004. (Sete egos).
TAVARES, A. P. *A cabeça de Salomé.* Lisboa: Caminho, 2004.
TRONI, A. *Nga Muturi.* 3 ed. Luanda: União dos escritores angolanos, 1985. (Coleção 2K)
VALL NETO, H. *Roque, romance de um mercado.* Luanda: Fundação Eshivo, 2001.
VAN-DÚNEM, D. *Kuluka.* Luanda: União dos escritores angolanos, 1988.
VARIOS. *Voz de Angola clamando no deserto.* Luanda: União dos Escritores angolanos, 1984.
VIEIRA, J. L. *A cidade e a infância.* 2 ed. Lisboa: Edições 70, 1978.
_____. *A vida verdadeira de Domingos Xavier.* 3 ed. Lisboa: Edições 70, 1977.
_____. *Luuanda.* São Paulo: Ática, 1982.
_____. *No antigamente na vida.* Lisboa: Edições 70, 1987.
_____. *Vidas novas.* 5 ed. Luanda: União dos escritores angolanos, 1982.

_____. *Nós, os do Makulusu*. Lisboa: Sá da Costa, 1977.
XITU, U. *"Mestre" Tamoda e outros contos*. Lisboa: Edições 70, 1977.

b) Da investigação teórico-metodológica e histórica

ABDALA JÚNIOR, B. *Literatura, história e política*. São Paulo: Ática, 1989.
_____. Panorama histórico da literatura angolana. In: MACEDO, T. e MACIEIRA, A. (Org.). *Gazeta Lavra & Oficina*. Luanda: União dos escritores angolanos. Número especial. Dez. 93.
_____. *De vôos e ilhas*. Literatura e comunitarismos. São Paulo: Ateliê editorial, 2003.
AMARAL, I. *Luanda*: estudo de geografia urbana. Lisboa: Junta de investigações do ultramar, 1968.
ANGOLA. *Trabalho e luta*. DIP-MPLA. Paris: Berger-Levrault, 1985.
ANDRADE, M. de. *Antologia temática de poesia africana I* – Lisboa: Sá da Costa, 1975, p.6.
ARAÚJO, M. G. M. *Geografia dos povoamentos*: assentamentos humanos rurais e urbanos. Maputo: Livraria Universitária, Universidade Eduardo Mondlane, 1997.
ARQUIVOS DE ANGOLA. Luanda: Repartição central de estatística geral. v. 3 n. 25 a 27, Out. 1937.
BACHELARD, G. *A poética do espaço*. Trad. A. P. Danesi. São Paulo: Martins, 1998.
BAKHTIN, M. (Volochínov). *Marxismo e filosofia da linguagem*. 2 ed. Trad. M. Lahud e Y.F. Vieira. São Paulo: Hucitec, 1981.
BARBOSA, J. A. "A modernidade no romance". In: PROENÇA FILHO, D. (Org.). *O livro do seminário*. São Paulo: LR, 1983.
BENJAMIN, W. *Charles Baudelaire, um lírico no auge do capitalismo*. Trad. J. C. M. Barbosa e H. A Baptista. São Paulo: Brasiliense, 1989.
BICALHO, M. F. *A cidade e o império*. O Rio de Janeiro no século XVIII. Rio de Janeiro: Civilização brasileira, 2003.
BITTENCOURT, M. *Dos jornais às armas*. Trajetórias da contestação angolana. Lisboa: Veja, 1999.

BOLLE, W. *Fisiognomia da metrópole moderna*: representação da História em Walter Benjamin. São Paulo: Editora da Universidade de São Paulo, 1994.

BONAVENA, E. Pedro Félix Machado (um percurso do realismo angolano). In: MACHADO, P. F. *Cenas de África. ? – Romance íntimo*. Lisboa: Imprensa Nacional-Casa da Moeda, 2004.

BOSI, A. *Dialética da colonização*. 2 ed. São Paulo: Companhia das Letras, 1992.

BOXER, C. R. *Salvador de Sá e a luta pelo Brasil e Angola, 1602-1686*. Trad. Olivério Pinto. São Paulo: Nacional; Editora da Universidade de São Paulo, 1973. (Brasiliana, 353)

BRISSAC, N., ARANTES, A. No passado as pessoas iam ao centro. Hoje há muitas centralidades disformes e sem fronteiras. In: *Nossa América*. Revista do Memorial da América Latina. n. 21, 2004.

BRUSCHI, S. *Campo e cidades da África antiga*. Maputo: Centro de estudos e desenvolvimento do habitat, UEM, 2001.

_____. As três cidades. In: *Revista Lua nova*. Maputo: Associação dos escritores moçambicanos, 8 ed., p.31-2, Jun.-Jul. 2003.

CADORNEGA, A. de O. de. *História geral das guerras angolanas*. 1680. Lisboa: Agência-geral do Ultramar, 1972, 3 v.

CAILLOIS, R. Balzac et le mythe de Paris. In: BALZAC, H. de. *Á Paris!* Bruxelas: Complexe, 1993.

CÂMARA CASCUDO, L. da. *Made in África* (Pesquisas e notas). Rio de Janeiro: Civilização brasileira, 1965.

CANDIDO, A. *A educação pela noite e outros ensaios*. São Paulo: Ática, 1987, p.164.

_____. *O discurso e a cidade*. São Paulo: Ática, 1994.

CARVALHO, R. D. de. *Ana A Manda – Os filhos da rede*. Identidade coletiva, criatividade social e produção da diferença cultural: um caso muxiluanda. Lisboa: Ministério da Educação. Instituto de Investigação Científica Tropical, 1989.

CARVALHO, S. *História de Moçambique*. 2 ed. Maputo: Tempo, UEM, 1988.

CAVACAS, F. Lueji: o nascimento de um império. In: CHAVES, R. e MACEDO, T. *Portanto... Pepetela*. Luanda: Chá de caxinde, 2002, p.307-10.

CAVAZZI, Pe. J. A. Montecúccolo. Trad. Notas e índices Pe. G. M. de Leguzzano. *Descrição histórica dos três reinos do Congo, Matamba e Angola*. Lisboa: Junta de investigações do ultramar, 1965, 2 v.

CHATELAIN, H. *Contos populares de Angola*. Trad. M. Garcia da Silva. Lisboa: Agência-Geral do Ultramar, 1964.

CHAVES, R. *A formação do romance angolano*. Entre intenção e gestos. São Paulo: Universidade de São Paulo, Via Atlântica, 1999.

_____. *Angola e Moçambique*: experiência colonial e territórios literários. Cotia: Ateliê editorial, 2005.

COELHO, V. Imagens, símbolos e representações. Quiandas, quitutas, sereias: imaginários locais, identidades regionais e alteridades. Reflexões sobre o quotidiano urbano luandense na publicidade e no universo do markenting. *Ngola. Revista de Estudos sociais*. Luanda: Associação de antropólogos e sociólogos de Angola, 1997, p.127-93.

CORRÊA, S., HOMEM, E. *Moçambique: primeiras machambas*. Rio de Janeiro: Margem, 1977.

COSME, L. In: *A página da educação*. Porto: Profedições, n. 97, ano 9, Dez. 2000, p.30.

CRUZ E SILVA, R. O nacionalismo angolano, um projeto em construção no século XIX através de três periódicos da época: O Pharol do povo, o Tomate e o Desastre. In: BRAGANÇA, C. A. T (Org.). *Angola. Etnias e nação*. Moscou: Embaixada da República de Angola na Federação da Rússia e Instituto África da Academia de Ciências da Rússia, 2003.

DAMATTA, R. *Carnavais, malandros e heróis*: para uma sociologia do dilema brasileiro. Rio de Janeiro: Zahar, 1979.

DENIS, B. *Literatura e engajamento de Pascal a Sartre*. Trad. L. D. A. Roncari.Bauru. São Paulo: Edusc, 2002.

ERVEDOSA, C. *Roteiro da literatura angolana*. 4 ed. Luanda: União dos escritores angolanos, s.d.

ESTERMANN, C. *Etnografia de Angola* (sudoeste e centro). Lisboa: Instituto de Investigações Científicas e Tropicais, 1983, 2 v.

FANON, F. *Os condenados da terra*. 2 ed. Trad. J. L. Melo. Rio de Janeiro: Paz e Terra, 1979.

FELNER, A. de A. *Angola*: apontamentos sobre a ocupação e início do estabelecimento dos portugueses no Congo, Angola e Benguela. Coimbra: Imprensa da Universidade, 1933.

FERREIRA, Ml. *Literaturas africanas de expressão portuguesa*. Lisboa: Ministério da Educação e Cultura, Instituto de cultura e língua portuguesa, 1986. (Biblioteca breve)

FONSECA, M. N. Presença da literatura brasileira na África de língua portuguesa. In: LEÃO, Â. V. *Contatos e ressonâncias*. Belo Horizonte: PUC Minas, 2003, p.73-100.

FORSTER, E. M. *Aspectos do romance*. Trad. Maria Helena Martins. Porto Alegre: Globo, 1974.

FRYE, N. *Anatomia da crítica*. Trad. P. E. da Silva Ramos. São Paulo: Cultrix, 1973.

GARMES, H. Devassidão e saber nas cidades de Luanda e de São Paulo. In: CHAVES, R., SECCO, C., MACEDO, T. *Brasil/África:* como se o mar fosse mentira. Maputo: Imprensa Universitária, Universidade Eduardo Mondlane, 2003, p.187-201.

GIL, F. C. *O romance da urbanização*. Porto Alegre: EDIPUCRS, 1999. (Memória das letras, 1)

GLISSANT, É. *Le discours antillais*. Paris; Gallimard, 1997 (Folio Essais, 313).

_____. *Pour une poétique du Divers*. Montréal: Presses de l' Univ. de Montreal, 1995.

GONZÁLEZ, M. M. *A saga do anti-herói*: estudo sobre o romance picaresco espanhol e algumas de suas correspondências na literatura brasileira. São Paulo: Nova Alexandria, 1994.

GOTO, R. *Malandragem revisitada*. Campinas: Pontes, 1988.

HAMPATÉ-BÂ, A. *Amkoullel, o menino fula*. São Paulo: Casa das Áfricas e Palas Athena, 2003.

HENRIQUES, I. C. *São Tomé e Príncipe*: a invenção de uma sociedade. Lisboa: Vega, 2000. (Documenta histórica)

_____. *Território e identidade*. A construção da Angola colonial (c. 1872 – c. 1926). Lisboa: Centro de História da Universidade de Lisboa, 2004.

JIKA. *Reflexões sobre a luta de libertação nacional*. Luanda: União dos escritores angolanos, 1979.

JUNOD, H. *Usos e costumes dos bantos*. 2 ed. Lourenço Marques: Imprensa Nacional de Moçambique, 1975, 2 v.

LARA, L. *Um amplo movimento...* Itinerário do MPLA através de documentos e anotações de Lúcio Lara. Luanda: Edição Lúcio e Ruth Lara, 1997, v. 1.

LEFEBVRE, H. *A revolução urbana.* Belo Horizonte: Ed. UFMG, 2002.
LEITE, A. M. *Oralidades e escritas nas literaturas africanas.* Lisboa: Colibri, 1998.
LINS, O. *Lima Barreto e o espaço romanesco.* São Paulo: Ática, 1976. (Ensaios, 20)
LOBATO, A. *A expansão portuguesa em Moçambique de 1498 a 1530.* Lisboa: Centro de estudos históricos ultramarinos, 1960, 3 v.
LOTMAN, I. *A estrutura do texto artístico.* Trad. M. C. V. Raposo e A. Raposo. Lisboa: Editorial Estampa, 1978.
LUKÁCS, G. *Ensaios sobre literatura.* Trad. L. Konder. Rio de Janeiro: Civilização brasileira, s.d.
MACEDO, J. *Obreiros do nacionalismo angolano. Ngola Ritmos.* Luanda: União dos escritores angolanos, 1989.
MACÊDO, T. C. A representação literária de Luanda – uma "ponte" entre Angola, Brasil e Portugal. São Paulo: Via Atlântica, 1977, p.116-27.
_____. *Angola e Brasil: estudos comparados.* São Paulo: Arte & Ciências; Via Atlântica, 2001.
MADRUGA, E. *Nas trilhas da descoberta*: a repercussão do modernismo brasileiro na literatura angolana. João Pessoa: Editora Universitária, 1998.
MARGARIDO, A. *Estudos sobre literaturas das nações africanas de língua portuguesa.* Lisboa: A regra do jogo, 1980.
MATA, I. *Literatura angolana*: silêncios e fala de uma voz inquieta. Luanda: Kilombelombe, 2001.
MATOS, G. O poeta baiano Gregório de Matos e Guerra e as sublevações pela independência de Angola no século XVII. *África.* Lisboa: África. v. 2, n. 6, p.92-7, Out.-Dez., 1979.
MATOS, I. Guerra. Prefácio a RIBAS, Ó. *Uanga.* Luanda: União dos escritores angolanos, 1985.
MÁXIMO, J. e DIDIER, C. *Noel Rosa*: uma biografia. Brasília: Universidade de Brasília; Linha gráfica, 1980.
MEMMI, A. *Retrato do colonizado precedido pelo retrato do colonizador.* Trad. R. Corbisier e M. P. Coelho. Rio de Janeiro: Paz e Terra, 1979.
MESSIANT, C. Luanda (1945-1961): colonisés société coloniale et engagement nationaliste. In: CAHEN, M. (Org.). *"Vilas" et "Cidades" bourgs et Villes em Afrique lusophone.* Paris: l'Harmattan, 1989.

MINGAS, A. A. *Interferência do kimbundu no português falado em Luanda*. Luanda: Chá de Caxinde, 2000.

MOURÃO, F. A. *Continuidade e descontinuidade de um processo de colonização*. Tese de livre-docência apresentada à FFLCH. São Paulo: Universidade de São Paulo. 4 v.

OLIVEIRA, A. C. de. *O livro das adivinhas angolanas*. Lisboa: Mar além, 2001.

OLIVEIRA, A. *A criança na literatura tradicional angolana*. Leiria: Magno, 2000, 2 v.

OLIVEIRA, M. A. F. de. *Reler África*. Coimbra: Instituto de antropologia, 1990.

_____. *A formação da literatura angolana (1851-1950)*. Lisboa: Imprensa Nacional-Casa da Moeda, 1997. (Escritores dos países de língua portuguesa, 13)

PADILHA, L. *Entre voz e letra*. O lugar da ancestralidade na ficção angolana do século XX. Niterói: EDUFF, 1995.

PALANQUE, L. *Angola, um país fabuloso*. Luanda: LPE Internacional, 1995.

PEPETELA. *Luandando*. Angola: Elf Aquitaine Angola, 1990.

PERRONE-MOISÉS, L. *Flores da escrivaninha*: ensaios. São Paulo: Companhia das Letras, 1990.

PESAVENTO, S. J. *O imaginário da cidade*: visões literárias do urbano – Paris, Rio de Janeiro, Porto Alegre. Porto Alegre: Ed. Universidade UFRGS, 1999.

PIRES LARANJEIRA, J. L. (Org.). *Negritude africana de língua portuguesa*. Textos de apoio (1947-1963). Coimbra: Angelus novus, 2000.

_____. *A negritude africana de língua portuguesa*. Porto: Afrontamento, 1995.

RAMA, A. *A cidade das letras*. Trad. E. Sader. São Paulo: Brasiliense, 1985.

RIBAS, Ó. *Misosso*: literatura tradicional angolana. Luanda: Angolana, 1964, 3 v.

_____. *Dicionário de regionalismos angolanos*. Matosinhos: Contemporânea, 1997.

RIVAS, P. Paris como a capital literária da América Latina. In: CHIAPPINI, L., AGUIAR, F. W. (Org.). *Literatura e história na*

América Latina. São Paulo: Editora da Universidade de São Paulo, 1993, p.99-114.
ROSÁRIO, L. J. da C. *A narrativa africana de expressão oral*: transcrita em português. Lisboa: Instituto de cultura e língua portuguesa, Luanda: Angolê, 1989.
RUI, M. Entre mim e o nômade - a flor. ABREU, A. et al. *Teses angolanas* (Documentos da VI Conferência dos escritores afro-asiáticos). Lisboa: Edições 70; Luanda: União dos escritores angolanos. 1981.
SAID, E. *Cultura e imperialismo.* Trad. D. Bottman. São Paulo: Companhia das Letras, 1995.
SALGADO, M. T. Uma ponte entre Angola e o mundo. In: SEPULVEDA, M. C., SALGADO, M. T. *Angola e Brasil: Letras em laços.* São Paulo: Atlântica, 2000, p.175-95.
SANTILLI, M. A. Textos em contexto luso-afro-brasileiro. *África.* Lisboa: África, I (4): p.451-60, Abr.-Jun. 1979.
SANTILLI, M. A. C. B. *Estórias africanas*: história e antologia. São Paulo: Ática, 1985. (Fundamentos)
_____. *Paralelas e tangentes entre literaturas de língua portuguesa.* São Paulo: Via Atlântica, Arte & Ciências, 2003.
SANTOS, A. de S. *Quitandas e quitandeiras de Luanda.* In: Boletim do Instituto de Investigação de Angola. Luanda: 4(2): p.1-112, 1967.
SANTOS, M. E. M. A apropriação da escrita pelos africanos. In: *Actas do Seminário "Encontro de povos e culturas em Angola".* Lisboa: Comissão nacional para as comemorações dos descobrimentos portugueses, 1997, p. 351-60.
SANTOS, M. *A natureza do espaço.* Técnica e tempo. Razão e emoção. Editora da Universidade de São Paulo, 2002.
SANTOS, N. B. V. T. dos. *A fortaleza de S. Miguel.* Luanda: Instituto de investigação científica de Angola, 1967.
SARTRE, J.-P. *Situations II.* Paris: Gallimard, 1948.
SCARPETTA, G. *L' impureté* apud BERND, Z. (Org.). *Escrituras híbridas.* Estudos em literatura comparada interamericana. Porto Alegre: Editora da Universidade/UFRGS, 1998.
SCHWARZ, R. *Que horas são?* São Paulo: Companhia das Letras, 1987.
SECCO, C. L. T. *A magia das letras africanas.* Rio de Janeiro: ABE Graph Editora/Barroso Produções Editoriais, 2003.
SERRANO, C. M. H. *Angola: nasce uma nação.* Um estudo sobre a construção da identidade nacional. Tese de doutoramento em An-

tropologia Social. São Paulo: FFLCH, da Universidade de São Paulo, 1988. (Texto policopiado)

SOARES, F. *Quicola - Estudo*: para um conhecimento do patrimônio formal da poesia angolana. Évora: Pendor, 1998.

_____. *Notícia da literatura angolana*. Lisboa: Imprensa Nacional – Casa da Moeda, 2001. (Estudos dos países de língua portuguesa, 22)

TEIXEIRA, H. G. Descrição de Luanda – um poema do Século XVII. Separata do *Boletim da Sociedade de Geografia de Lisboa*. Jul.-Set., Out.-Dez., 1978.

TERESA NETO, J. A. da S. *Contribuição à história da educação e cultura de Angola*: grupos nativos, colonização e a independência, Campinas: Unicamp, 2004. Tese de doutorado, 177 p.

TOMACHEVSKI, B. Temática. In: EIKENBAUM, B. et al. *Teoria da literautra. Formalistas russos*. Trad. Filipouski, A. M. et al. Porto Alegre: Globo, 1973, p. 169-204.

TORRES, A. *O império português entre o real e o imaginário*. Lisboa: Escher, 1991.

TRIGO, S. Uanhenga Xitu, da oratura à literatura. In: *Cadernos de literatura*. Coimbra: Centro de Literatura da Universidade de Coimbra, 1982.

VALENTE, J. F. *Paisagem africana* (Uma tribo angolana no seu fabulário). Luanda: Instituto de investigação científica de Angola, 1973.

VALVERDE, P. *O corpo e a busca de lugares de perfeição:* escritas missionárias da África colonial portuguesa,1930-1960. *Etnográfica*. Lisboa: ISCTE, 1997, v. I, n. 1, p.73-96.

VAN-DUNEM, D. *Sobre o vocábulo kitandeira*. Luanda: Edição do autor, 1987.

VANSINA, J. A tradição oral e sua metodologia In: KI-ZERBO, J. Trad. B. Turquetti et al.; revisão técnica F. A. A. Mourão et al. *História geral da África*. Paris: Unesco, São Paulo: Ática, 1982.

VAZ, J. M. *Filosofia tradicional dos Cabindas, através dos seus testos de panela, provérbios, adivinhas e fábulas*. Lisboa: Agência Geral do Ultramar, 1969.

WILLIAMS, R. *O campo e a cidade na história e na literatura*. Trad. P. H. Britto. 1ª reimpressão. São Paulo: Companhia das Letras, 1989.

ZIÉGLER, J. *O poder africano*: elementos para uma sociologia política da África Negra e de sua diáspora nas Américas. Trad. H. de L. Dantas. São Paulo: Difusão Européia do livro, 1972.

Anexos

Texto atribuído a Gregório de Matos

LAMENTA O POETA O TRISTE
PARADEYRO DA SUA FORTUNA
DESCREVENDO
AS MIZERIAS DO REYNO DE
ANGOLLA PARA ONDE Ò
DESTERRARAM.
Nesta turbulenta terra
armazém de pena, e dor,
confusa mais do temor,
    inferno em vida.
Terra de gente oprimida,
monturo de Portugal,
para onde purga seu mal,
    e sua escória:
Onde se tem por vanglória
o furto, a malignidade,
a mentira, a falsidade,
    e o interesse:
Onde a justiça perece
por falta, de quem a entenda,
e onde para haver emenda
    usa Deus,
Do que usava cos Judeus,
quando era Deus de vinganças,
que com todas as três lanças
    de sua ira
De seu tronco nos atira

Texto transcrito no livro *História geral das guerras angolanas*, de Cadornega

Nesta turbulenta terra
almazém de pena, e dor,
confusa may de temor,
    inferno em vida.
Terra de gente opprimida,
monturo de Portugal,
para onde purga seu mal,
    e sua escória
Onde se tem por vãa glória
a mentira e falsidade,
O roubo, a malignidade,
    o interesse:
Donde a justiça perece
por falta de quem a entenda,
donde para haver emenda,
    uza Deos,
Do que uzava com os Judeos,
quando era Deos de vingança,
que com todas as tres lanças
    de sua ira
De seu tronco nos atira,

com peste, e sanguínea guerra,
com infecúndias da terra,
    e pestilente
Febre maligna, e ardente,
que aos três dias, ou aos sete
debaixo da terra mete
    o mais robusto.
Corpo queimado, e combusto,
sem lhe valer medicina,
como se peçonha fina
    fora o ar:
Deste nosso respirar
efeitos da zona ardente,
onde a etiópica gente
    faz morada:
Gente asnaval, e tostada,
que da cor da escura noite
a pura marca, e açoite
    se encaminha:
Aqui a fortuna minha
conjurada com seu fado
me trazem em tal estado,
    qual me vejo.
Aqui onde o meu desejo
debalde busca seu fim,
e sempre me acho sem mim,
    quando me busco.
Aqui onde o filho é fusco,
e quase negro é o neto,
negro de todo o bisneto
    e todo escuro;
Aqui onde ao sangue puro
o clima gasta, e conforme,
o gesto rói, e cor come
    o ar, e o vento,
Sendo tão forte e violento,
que ao bronze metal eterno,
que o mesmo fogo do inferno
    não gastara,
O racha, quebra, e prepara,
que o reduz a quase nada;
os bosques são vil morada
    de empacassas
Animais de estranhas raças,
de Leões, Tigres, e Abadas,
Elefantes às marradas,
    e matreiros:
Lobos servis, carniceiros,
Javalis de agudas setas,
	com crua e sanguínea guerra,
	com influencia da terra,
	    e pestilência,
	Febre malina e ardente,
	que aos tres dias e aos sette,
	debaixo da terra mette
	    o mais robusto.
	Corpo queimado e combusto,
	sem lhe valler medicina,
	como se peçonha fina
	    fora o ar:
	Deste nosso respirar,
	effeitos da zona ardente,
	donde esta Ethiopia gente
	    faz morada.
	Terra de gente tostada,
	ou da cor da escura noute,
	que a pura marca e açoute
	    se encaminha.
	Aqui a fortuna minha,
	conjurada com seu fado,
	me trouxe a tal estado
	    qual me vejo.
	Aqui onde o meu dezejo
	não chegou nunca a seu fim,
	porque me acho sem mim
	    quando me busco.
	Aqui onde o filho he fusco
	e quasi negro o neto,
	e todo negro o bisneto,
	    e tudo escuro.
	Aqui onde o sangue puro
	o clima gasta e conforme,
	o gesto roe e cor come
	    o ar, e o vento,
	He tão forte e violento,
	que o bronze metal eterno,
	que o mesmo fogo do inferno
	    não gastaria,
	O racha, quebra e prepara,
	que o reduz a quazi nada.
	Os bosques são vil morada
	    de empacaças
	Animaes de estranha raça,
	de lioens, tigres e abadas,
	Elephantes às marradas,
	    e matreiros
	Lobos servaes carniceiros,
	Javalis de agudas setas,

Monos, bugios de tretas
    e dos rios
Há maldições de assobios
de crocodilos manhosos
de cavalos espantosos
    dos marinhos,
Que fazem horrendo ninhos
nas mais ocultas paragens
das emaranhadas margens,
    e se acaso,
Quereis encher de água um vaso,
chegando ao rio ignorante
logo nesse mesmo instante
    vos sepulta
Na tripagem mais oculta
um intrépido lagarto,
vós inda vivo, ele farto:
    pelo que
Não ousais a pôr o pé
uma braça da corrente
que este tragador da gente
    vos obriga
A fugir-lhe da barriga;
Deus me valha, Deus me acuda,
e com sua santa ajuda
    me reserve:
Em terra não me conserve,
onde a sussurros, e a gritos
a multidão de mosquitos
    toda a noite
Me traga em contino açoite,
e bofetadas soantes,
porque as veias abundantes
    do vital
Humor puro, e cordial
não veja quase rasgadas
a puras ferretoadas:
    e inda é mais;
Se acaso vos inclinais
por fugir da ocasião
da vossa condenação
    a lavrador,
Estando a semente em flor,
qual contra pintos minhotos,
um bando de gafanhotos,
    imundícia,
Ou qual bárbara milícia
em confusos esquadrões
marcham confusas legiões,

Monos, bugios de tretas;
    e nos rios
Há estrondos e açuvios
de crocodilhos manhozos,
de cavallos espantozos
    dos marinhos,
Que fazem os horrendos ninhos,
nas mais occultas paragens
das emaranhadas margens,
    e se acazo,
Quereis encher de agoa hum vazo,
Chegais ao rio ignorante,
Logo nesse mesmo instante
    vos supulta
Na tripagem mais occulta
um intrepido lagarto,
que ainda vós vivo, elle farto:
    pello que
Não ousais a pôr o pé
huma braça da corrente
que este tragador de gente
    vos obriga
A fugirlhe da barriga;
Deos me valha e Deus me accuda,
com sua gracioza ajuda
    me rezerve,
A terra onde me conserve,
sem os suzurros e gritos,
de multidão de mosquitos
    toda a noite
Me obrigaa encher de azeite
ou de palmadas soantes,
e que as veas abundantes
    do vital
Humor quente e cordeal,
veja quazi despegadas,
á puras ferretoadas:
    e ainda há mais;
Se he que vos inclinais
por fugir da occazião
da vossa condenação
    á lavrador,
Estando a semente em flor,
qual contra pintos minhotos,
vem bandos de gafanhotos,
    immundícia,
Que qual barbara milicia
em confuzos esquadroens,
marchão cem mil legioens,

(estranho caso!)
Que deixam o campo raso,
sem raiz, talo, nem fruto,
sem que o lavrador astuto
    valer lhe possa:
Antes metido na choça
se lastima, e desconsola
vendo, o quão geral assola
    esta má praga.
Há uma cobra, que traga
de um só sorvo, e de um bocado
um grandíssimo veado:
    e se me ouvis,
Há outra chamada Enfuís,
que se vos chegais a ela
vos lança uma esguicha dela
    de peçonha,
Quantidade, que se exponha
bem dos olhos na menina,
com dores, que desatina
    o paciente:
Cega-vos incontinenti
que o trabuco vos assesta
distante um tiro de besta:
    (ó clemência
de Deus?) ó onipotência,
que nada embalde criaste!
Para que depositaste
    num lugar
Instrumentos de matar
tais, e em tanta quantidade!
e se o sol com claridade,
    e reflexão
É causa da geração
como aqui corrompe, e mata?
e se a lua cria a prata,
    e seu humor
Almo, puro, e criador
comunica às verdes plantas,
como aqui maldades tantas
    descarrega?
E se a chuva só se emprega
em fertilizar os prados,
como febres aos molhados
    dá mortais?
E se quantos animais
a terra sustenta, e cria,
são dos homens comedia,
    como nesta

estranho cazo!
Que deixão o campo razo,
sem raiz, talo, nem fruto,
sem que o lavrador astuto
    accudir possa:
Antes mettido na chosa,
lastimado se consola,
ver que geralmente assola
    esta má praga.
Há huma cobra, que traga
de hum só sorvo e de hum bocado
hum grandissimo veado:
    e se me ouvis
Há outra, que chamão *enxuis*,
que se vos chegais a ella,
vos lança huma cuspadella
    de peçonha
Cantidade que he vergonha
bem nos olhos na mininas
com dôres que dezatina
    o pasciente
Cega-vos no continente,
que o trabuco vos assesta
distancia á tiro de besta,
    ó Clemência!
Ó de Deos Omnipotencia!
que dia em balde criasteis,
para que depozitasteis,
    num lugar
Instrumentos de matar,
taes e em tanta cantidade,
se o sol com a claridade,
    e reflecção
He couza da geração,
como aqui corrompe e mata?
e se a lua cria a prata
    e seu humor,
Almo puro, e criador
comunica as verdes plantas?
como aqui maldades tantas
    descarrega!
Se a chuva só se emprega
de fertilizar os prados,
com febres aos molhados
    dá mortaes?
E se quantos animaes,
a terra sustenta e cria,
são dos homens comedia
    como nesta

Terra maldita, e infesta,
triste, horrorosa, e escura
são dos homens sepultura?
    Mas, Senhor,
Vós sois sábio e criador
desta fábrica do mundo,
e é vosso saber profundo,
    e sem medida.
Lembrai-vos da minha vida,
antes que em pó se desfaça,
ou dai-me da vossa graça
    por eterna despedida.

Parte maldita e infesta,
horrenda, triste e escura
dos homens vil sepultura:
    mas, Senhor,
Vós sois justo Criador
desta fabrica do mundo,
e vosso saber fecundo
    he sem medida
Alembrai-vos desta vida,
antes que em pô se desfaça,
dai-me vossa immensa graça,
    para a eterna despedida.

Só a Deos honra e gloria, de baixo da correição da Santa Madre Igreja.

SOBRE O LIVRO

Formato: 14 x 21 cm
Mancha: 23,7 x 42,5 paicas
Tipologia: Horley Old Style 10,5/14
Papel: Offset 75 g/m² (miolo)
Cartão Supremo 250 g/m² (capa)
1ª edição: 2008

EQUIPE DE REALIZAÇÃO

Coordenação Geral
Marcos Keith Takahashi

Impressão e acabamento

Impressão e acabamento